我们从哪里来？我们走向何方？中国到了今天，我无时无刻不提醒自己，要有这样一种历史感。

——习近平

摘自习近平总书记在北京会见第二届“读懂中国”国际会议外方代表时的谈话（《人民日报》2016 年 1 月 5 日）

读懂中国

读懂中国丛书

读懂中国丛书

中国科技的创造与进步

白春礼　著

CIPG | China Foreign Languages Publishing Administration
中国外文出版发行事业局

外文出版社
FOREIGN LANGUAGES PRESS

总　序

郑必坚

读者面前的这套丛书，有一个总题目，叫作：读懂中国。

为什么要提出“读懂中国”的问题呢?

你看，当今世界发生的变化，可谓天翻地覆，令人目不暇接。最大的变化，莫过于中国。

从20世纪中叶新中国成立以来，特别是最近这40年时间，就使一个多达十三亿多人口的贫穷落后的东方大国，实现了跨越式大发展，迅速成为世界第二大经济体。

人们自然会问：在中国，究竟发生了什么事情?中国快速发展的奥秘究竟是什么?

人们自然也会问：一个正在强起来的中国，和世界怎么相处?

于是乎，问题套问题，疑虑叠疑虑，“中国威胁论”“中国崩溃论”，“修昔底德陷阱”“中等收入陷阱”，这“论”那“论”，这“陷阱”那“陷阱”，纷纷指向中国。

毫无疑问，中国人应当坚定不移地走自己的路，把自己的事情办好。而这本身就包含着，为了回答人们的关切、问题和疑虑，必须做好一件事:“读懂中国”。

为此，由我主持的国家创新和发展战略研究会发起，联合中国人民外交学会，和国际知名智库“21世纪理事会”合作，在2013年11月和2015年11月先后举办了两届“读懂中国”国际会议。

这两次重要的国际会议，得到了中共中央总书记、国家主席习近平的重视和支持，亲自到会同与会外国嘉宾座谈。国务院总理李克强和副总理张高丽分别出席了第一届和第二届会议，并在会上作了开幕演讲。中共中央和国务院许多部门的领导同志，也到会同来自世界各国的政要和专家学者进行面对面的交流，回答大家提出的问题。

会议取得的成功，给我们的最大启示是：只要直面问题，只要心诚意真，只要实事求是且生动具体地讲好中国故事，讲好中国共产党的故事，讲好中国和世界相处的故事，将大有利于关心中国的人获得新知，怀疑中国的人逐步释惑。

为此，我们设想，把“读懂中国”的国际会议搬到书本上，搬到视频上，搬到网络上，在更大的场合，用更加生动的形式，回答人们的关切、问题和疑虑。

这一设想，不仅得到了有关部门的大力支持，不仅得到了中国外文局和外文出版社的大力支持，而且得到了一批对这些问题有亲身实践经验和较深研究的专家学者和领导同志的大力支持，为丛书撰稿。

这就是读者面前这套丛书的由来。现在编辑出版的还只是这套丛书的第一辑，以后还会有第二辑、第三辑以至更多的好书问世；现在这一辑主要是中国作者的作品，以后还会有其他国家作者的作品。

不仅是丛书，以后还会有配套的电视专题片和网络视频，陆陆续续奉献给大家。

在我们看来，“读懂中国”，包括“读懂中国共产党”、“读懂中国和世界的关系”，是一个宏大的事业。

让我们共同以极大的热情，来关注这一事业、参与这一事业！

2018年3月

目 录

序　言

2013年以来，习近平总书记在全国宣传思想工作会议及中央外事工作会议上多次提出，要讲好中国故事，传播好中国声音。2013年11月和2015年11月，国家创新与发展战略研究会与国际知名智库“21世纪理事会”合作，成功举办了两届“读懂中国”国际会议。习近平总书记对此充分肯定，认为这“搭建了一个交流的桥梁和平台”。在国际会议基础上，国家创新与发展战略研究会推出《读懂中国》丛书编撰和出版计划，组织专家学者们进一步讲中国故事。该丛书的科技卷以《中国科技的创造与进步》为名，力图讲好科技故事。

培根、伏尔泰和马克思等欧洲思想家早就高度评价过印刷术、指南针和火药等中国伟大发明对世界历史进程的影响，为西方读者理解中国文明提供了科学技术视角。当然，许多人熟知的“四大发明”尚不足以反映中国对世界文明发展的科技贡献。我们有必要向读者，特别是海外读者，择要讲述中国科技的发展历程和当代发展态势，让世人更好地解读中国的兴衰与伟大复兴。

20世纪中外学者对中国科技的发展历程有了越来越系统的认识。中国在古代就是一个发明创造的国度，在一万年前栽培了水稻，五千年前已发明丝织技术，战国晚期建成都江堰，汉代发明了造纸术。中国科技在宋元时期达到高峰，出现了指南针、水运仪象、火器等重要发明，在数学、天文学、医学和农学等方面多有创造。从16世纪开始，欧洲的科技知识随着传教和贸易等活动而传入中国。第二次鸦片战争之后，清朝引入西方技术，仿造“坚船利炮”。20世纪前半叶，中国人发展科技教育与科研机构，但科技事业在战乱中举步维艰。

中华人民共和国的成立为科技事业的大发展创造了机遇。新中国组建中国科学院、高等院校、产业科研院所等几路科技大军，引进国外技术并建立比较完整的工业与技术体系，取得了以“两弹一星”为代表的重大科技成果，显著促进了经济社会的发展。改革开放以来，中国继续引进和消化吸收国外科技，努力提升自主创新能力，在许多领域取得了举世瞩目的业绩。十八大以来，国家实施创新驱动发展战略，并提出建设科技强国的目标，指明了中国科技发展的大方向。

无疑，只有了解中国科技的过去、现状与未来趋势，我们才能更好地理解中国的发展，把握创新驱动发展战略和中华民族伟大复兴“中国梦”的要义。

是为序。

2018年3月

第一章

中国创造

中国人为世界贡献了造纸术、印刷术、火药、指南针等技术发明和科学知识。英国哲学家弗朗西斯·培根（Francis Bacon）在《新工具》中说，“(印刷、火药、指南针）这三种发明已经改变了全世界的表面和一切事物状态。第一种是在学术方面的，第二种是在战争方面的，第三种是在航行方面的。”马克思（Karl Marx）认为，“这是预告资产阶级社会到来的三大发明。火药把骑士阶层炸得粉碎，指南针打开了世界市场并建立了殖民地，而印刷术则变成新教的工具，总的说来变成科学复兴的手段，变成对精神发展创造必要前提的最强大的杠杆。”李约瑟（Joseph Needham）在其《中国科学技术史》第一卷中，以 26 个英文字母为序，列举了中国传至欧洲并影响世界的技术发明。中国的科技史家最近也集中介绍了一些古代重要发明创造[①]，它们体现了古代先贤的智慧和一种知识传统。

① 中国科学院自然科学史研究所. 中国古代重要科技发明创造［M］. 北京：中国科学技术出版社，2016.

第一节　精耕巧织

中国有一个成语叫“丰衣足食”。围绕着“吃”和“穿”，中国古代产生了一系列发明创造。水稻栽培的年代可以上溯到一万年前。猪在 9000 年前左右已被驯化。养蚕是发明丝织的前提，养蚕已有近 8500 年的历史。粟的栽培年代大约在 8000 年前。茶树栽培起源于西南地区，到汉代已具一定规模。大豆的驯化和种植已有 4000 多年历史。柑橘在 4000 年前已有栽培。

一、稻作

水稻、小麦和玉米是世界三大粮食作物，对人类文明的发展影响巨大。中国是世界上水稻产量最大及种植面积第二的国家（仅次于印度），2015 年水稻总产量达到 2.08 亿吨。目前中国水稻的产区主要有长江流域、珠江流域和东北地区。历史上长江流域和珠江流域一直是水稻的主产区，因为这里气候温暖、河流纵横，适合水稻生长。中国的稻作文明就是从这里萌发的。

目前中国新石器时期超过一万年以上的水稻遗址有三处，集中在长江中游，分别是江西万年县的仙人洞、吊桶环遗址和湖南道县的玉蟾岩遗址。在上世纪 90 年代，考古学家对前两处遗址进行了三次发掘（含中美合作两次），从采集到的人工栽培稻的植硅石分析，距今至少有 12000 年的历史[①]。几乎与上述考古队挖掘的同时，湖南省的考古学

① 彭适凡，周广明．江西万年仙人洞与吊桶环遗址——旧石器时代向新时期时代过渡模式的个案研究［C］// 中国社会科学院考古研究所．华南及东南亚地区史前考古——纪念甑皮岩遗址发掘三十周年国际学术研讨会论文集．北京：文物出版社，2006：110-111.

家对道县玉蟾岩遗址进行发掘。这里的稻谷是一种从普通野生稻向栽培初期演化的最原始的古栽培稻类型[①]，其年代在距今13000年以上[②]。

稻作文明的形成经历了一个漫长的过程。目前中国最早的明显带有稻作农业特点的考古遗存是河南舞阳贾湖遗址，距今9000–7800年，那时水稻栽培还处于稻作农业形成的初级阶段。在长江下游，至迟在距今5200–4300年间的良渚文化时期，稻作农业已经取代采集狩猎成为当地经济的主体；在长江中游，至迟在距今6300–5300年间的大溪文化时期，稻作农业已经取代采集狩猎。[③]从生产工具来看，稻作技术在唐中期之前滞后于北方的粟作。北方旱作农业区在魏晋南北朝时期已经形成保墒防旱的“耕—耙—耱”耕作体系。唐中期，经济中心南移到长江中下游地区，中原先进的生产技术传入南方，终于形成以“耕—耙—耖”为标志的水田耕作技术。汉代已经普遍使用牛耕，多以两头牛牵引直辕犁，犁上有能够翻土和碎土的犁壁（犁镜）。唐代的曲辕犁结构完善，轻便灵活，一人一犁便能操作。耙是一种装有多个短齿的农具，其作用主要是破碎土和根茬，同时清除杂草与平整田地。耙过之后，还须耖一遍。耖基本上是一字形耙，它的齿更长些，主要用于平整水田。

南方水稻栽培的复杂程度甚过北方麦作。[④]南宋时，浙江临安县令楼璹向皇帝进呈了一份《耕织图》，其中“耕”图有浸种、耕、耙耨、碓、筛等二十一幅，展现了江南稻作的生产、收获环节。作物的灌溉工具包括桔槔、辘轳、翻车（龙骨车）、筒车等装置。翻车（龙骨车）采用链传动，由水槽、链轮、链条、刮水板等构成，可以由人力、畜力或风力驱动，其功能可与欧洲的阿基米德螺旋媲美。东汉宦官毕岚

① 张文绪，袁家荣. 湖南道县玉蟾岩古栽培稻的初步研究［J］. 作物学报，1998（4）.
② 袁家荣. 湖南旧石器时代文化与玉蟾岩遗址［M］. 长沙：岳麓书社，2013：298.
③ 赵志军. 栽培稻与稻作农业起源研究的新资料和新进展［J］. 南方文物，2009（3）：60-63.
④ 李伯重. 唐代江南农业的发展［M］. 北京：北京大学出版社，2009：99-108.

曾制作翻车。南宋的《耕织图》最早描绘了脚踏翻车，一般 2–4 人踏动长轴，带动链条，刮水板将水提升到田里。翻车适用于低扬程提水，而水力驱动的筒车则适合于将江河中的水提升到较高的田里。

二、丝织

大约 5000 年前，中国在黄河和长江流域已经养蚕织绸了。在黄河流域，1980 年代，考古学家在河南荥阳青台村新石器时代遗址中发现了距今 5500 年的丝织品残片。这种桑蚕丝（即家蚕丝）的织物属于“浅绛色罗”，说明当时已经使用原始织机。[①] 在长江流域，1958 年浙江钱山漾新石器时代晚期遗址出土了距今 4000 多年的丝织物残片。精美丝织品的生产主要依靠缫丝技术和织造制造技术。

缫丝，简单说就是从蚕茧中抽取出蚕丝的过程。至晚于秦汉时，中国人已经普遍采用热水煮茧缫丝。[②] 早期缫丝的工具是 I 形和 X 形的绕丝木架，后来发明了缫车，其构造如南宋《耕织图》和元代《农书》等书籍的记载。缫丝工将煮茧锅里的丝头捞上来，绕过车架上方立柱上的导丝滑轮，再穿过导丝钩，绕在丝軠上。这种缫车巧妙之处在于，通过脚踏板的运动，利用曲柄连杆机构，驱动丝軠旋转，同时利用带传动，通过偏心结构，把旋转运动转换成送丝杆的往复运动，从而使丝线均匀地缠绕在丝軠上。缫丝之后，还需要络丝、并丝、捻丝、整经和卷纬，然后才上织机织造。

汉代是中国古代织机大发展的时期，出现了斜织机、提花机等装置。斜织机是机身倾斜、经面也倾斜的踏板织机，用于织造平纹织物。

① 张松林，高汉玉．荥阳青台遗址出土丝麻织物观察与研究［J］．中原文物，1999（3）．

② 徐大立．谈蚌埠双墩遗址器底刻画符号所反映的养蚕业［C］// 文物研究（第五辑）．合肥：黄山书社，1989：246-258；赵承泽．中国科学技术史（纺织卷）［M］．北京：科学出版社，2002：155.

如果要织比较复杂的几何花纹织物，就要用提花机，通过提升不同综片实现复杂的侧向开口，然后投梭穿纬线。成都老官山汉墓出土了两种西汉时期的“一勾多综式”提花机模型。① 后来，提花机向多综多蹑方向发展，其特点是一蹑控制一综。三国时期，马钧改进织机，用 12 蹑操纵 50 或 60 综。至晚在南宋时期已有花本式提花技术，即发明了花楼织机。两人操作这种织机，一人在上挽花提综，一人在下踏杆引纬织造。花楼提花织造把提花从单人织造中分离出来，由一人专司操作，使制织大型、复杂、多彩的织物成为可能。②

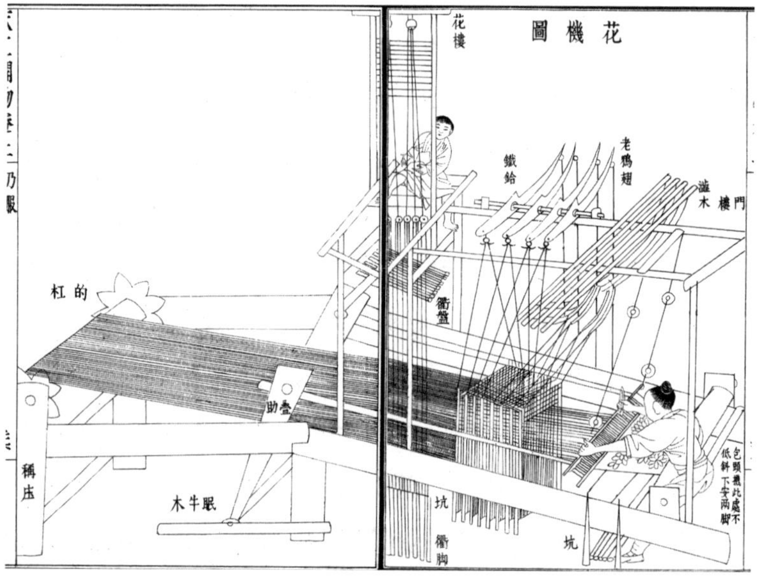

《天工开物》提花机

卓越的丝织技艺成就了中国古代种类繁多的丝织品。根据丝织物的组织结构、加工工艺及外观形态等，可以分为绡、纱、绉、缟、纨、绨、绢、罗、绮、绸、缎、绒、锦等，真可谓异彩纷呈、绚丽多姿。

① 赵丰，王毅，罗群，龙博，张柏春，夏颖翀．中国成都老官山汉墓（公元前 2 世纪）出土的提花机机制研究［C］//Carlos Lopez-Cajun, Marco Ceccarelli. 机构与机器史探索：第五届 IFToMM 机构与机器史研讨会论文集．施普林格，2016：209-221.

② 赵承泽．中国科学技术史（纺织卷）［M］．北京：科学出版社，2002：195.

这里仅提一件非常著名的“素纱禅衣”。1972 年，长沙马王堆汉墓出土了一件仅重 49 克的丝织物——素纱禅衣。这件薄如蝉翼的纱衣长 128 厘米，袖长 190 厘米，孔眼清晰、轻薄透亮，是现存世界上最轻薄的丝织品，反映了中国汉代丝织技术的高超水平。

丝绸贸易成就了举世闻名的“丝绸之路”，以丝绸贸易为媒介的中国与中亚、西亚，并连接地中海地区的交通要道。汉武帝时张骞两次出使西域，打通了中原与中亚各国经济、贸易往来的通道，大批中国的丝绸通过这条通道，源源不断地输送到中亚、西亚和欧洲；同时西域的核桃、葡萄、石榴、蚕豆、苜蓿等植物也传到中原地区，极大地促进了中外交流。相对于陆上“丝绸之路”，东西方海上贸易的交通通道称作“海上丝绸之路”。

三、茶树栽培

茶（Camellia sinensis）是当今世界三大饮料之一（另两个是咖啡和可可），它在中国有悠久的栽培史。中国西南地区是世界茶树的原产地①，四川、云南、贵州等地至今仍有野生的茶树。茶树驯化培育的时间可以追溯到周代。至晚到汉代，部分地区的茶叶生产已具一定规模，并被当作商品交易。公元 4 世纪出现了用茶治病的记载。唐代饮茶习俗也渐盛，茶叶生产和贸易规模扩大，出现了大型茶园。公元 760 年。陆羽②写成世界上第一部茶叶专著《茶经》，此书对茶园择地和茶叶采摘方法等做了较详细的总结③。唐末，韩鄂在《四时纂要》中明确记载了茶树的栽培技术，包括茶种的选藏方法。宋代及其之后茶树栽培技术的发展，主要表现在对茶树的分类和茶园管理方面。

---

① 姚国坤. 惠及世界的一片神奇树叶——茶文化通史［M］. 北京：中国农业出版社，2015：3.
② 陆羽：唐代著名的茶学专家，一生嗜茶，精于茶道，被誉为“茶仙、茶圣”。
③ 彭世奖. 我国作物栽培史［M］. 北京：中国农业出版社，2012：104.

早期茶叶以用药为主，并不加工。为了便于贮藏和携带，后来将鲜叶晾干或风干备用。陆羽的《茶经》把制茶工艺分为蒸、捣、拍、焙、穿、封 6 道工序，即把采摘的茶叶先用甑蒸杀青，然后加工捣碎，再拍成团或饼，入焙烘干，最后用竹皮或绳索把一块块的茶饼或茶团串起来封闭保存。宋元时期，鉴于团茶或饼茶工艺复杂，而且饮用前要先打碎，颇为不便，于是出现了散茶技术，而且也一改过去“煮饮”为沸水“冲饮”。明清时期在制茶工艺上，改“蒸青”为“炒青”，即利用干热使茶叶萎凋，保持茶叶的香郁。

中国茶影响了世界。早在公元 9 世纪，通过一些到中国研究佛学的日本僧人，饮茶风俗传到日本。如今“茶道”成为日本文化的重要组成部分。10 世纪时，茶又通过旅行者传入阿拉伯地区。后来，中国茶还通过陆上及海上丝绸之路传到欧洲。1559 年，威尼斯作家拉姆奥（Giovanni Bathista Ramusio）在其《航海旅行记》中记下一位波斯人的口述：“大秦国有一种植物，仅有叶片可以饮用，人人都叫它中国茶，中国茶被看作是非常珍贵的食品，这种植物生长在中国四川的嘉州府。它的鲜叶或干叶，用水煎沸，空腹饮服，煎汁一二杯，可以去身热、头痛、胃痛、腰痛或关节痛。”[①]17 世纪英国伦敦的咖啡店里甚至出现了饮茶的经营项目，1658 年 9 月 30 日《政治报》刊出茶叶广告：全体医生都认可的优良的中国饮料——茶——现在伦敦皇家交易所旁的王后像咖啡馆销售。

至 1720 年，茶叶已是中国主要出口货物。英国、法国、普鲁士、丹麦、瑞典等欧洲国家的商贸公司从中国大量购进茶叶，使茶叶价格迅速下降，推动了各阶层民众对茶叶的消费。1792 年，英国进口中国的茶叶达 2000 万磅。20 世纪以来，茶又通过欧洲传到南美洲和非洲，

① 乌克斯．茶叶全书［M］．北京：东方出版社，2011：20；潘吉星．中外科学技术史交流史论［M］．北京：中国社会科学出版社，2012：344.

从而成为全球通用饮料之一。①

如今，亚洲是茶叶的主要产区。2014 年中国茶叶总产量达 209.2 万吨，约占世界的 41.6%。

第二节　天工开物

《天工开物》成书于 1637 年，是一部汇总农业与手工业生产知识的专著。书名中的“天工”和“开物”分别取自中国古代经典《尚书》和《易经》，两词合用并赋予了新的含义，即以自然力配合人工技巧从自然界开发物产，或者说利用大自然以制备器物。无论是抟土烧制陶瓷、采矿冶铸、利用植物纤维造纸，莫不如此。料成材，材成器，这是中华文明生生不息的物质保证，是传统技艺的基本载体。

一、铜铁冶铸

人类对金属铜的利用要早于铁。制陶术已为冶铜术的产生提供了重要的技术条件。考古发现表明，仰韶文化和龙山文化时期产生了冶铜技术②。距今 3800–3500 年的二里头遗址出土的青铜器表明，当时已经具备相当高的陶范铸造技术。③

商代中晚期出现了大型的铜矿开采遗址，青铜铸造技术高超。江西瑞昌铜岭铜矿遗址及湖北大冶铜绿山铜矿遗址是这一时期铜矿开采的代表，展现了成熟的开拓技术、趋于规范的井巷支护技术以及较复

---

① 罗桂环. 近代西方识华生物史［M］. 济南：山东教育出版社，2005：373；潘吉星. 中外科学技术史交流史论［M］. 北京：中国社会科学出版社，2012：345-347.

② 苏荣誉. 从技术成因探讨中国冶铜技术的起源［C］// 陈美东，林文照，周嘉华. 中国科学技术史国际学术讨论会论文稿. 北京：中国科学技术出版社，1992：148.

③ 廉海萍，谭德睿，郑光. 二里头遗址铸铜技术研究［J］. 考古学报，2011（4）：574.

杂的采掘装载提运技术等。[1]1939年，在河南安阳殷墟出土了一件带有铭文“后母戊”的方鼎，高133厘米、长110厘米、宽78厘米，重832公斤，由块范法分铸铸接成形，是世界上最大的青铜器。块范法是中国古代青铜器铸造最常用的方法，以铸造一件容器为例。先要泥塑成欲铸容器的模型，这叫“模”；然后用泥土敷在模型外面，翻出来形成铸件外形轮廓，即“范”；再用泥土做一个与容器内腔大小相当的内范，然后把内外范合上，内部的空腔就是铸件的空间，倒入青铜溶液，冷却后除去内外范就得到了铸件。“模范”的本意就来自青铜铸造技术，后来引申为学习仿效的典型。此外，叠铸法在大批量生产形状简单的同一铸件方面非常高效，是将许多相同的范片层层叠合起来，通过一个共同的浇口和直浇道进行浇铸，可以一次铸出多个相同铸件的铸造工艺。这种工艺发端于战国时期。

在古代的技术条件下有两种炼铁法：一种是块炼法，是在碗式炉或较低矮的竖炉内，在较低温度下将氧化铁还原成海绵铁，再经锻打、排渣成为熟铁，再渗碳、锻打即可制成钢。另一种是生铁冶铸法，是在高大的竖炉内，以高温将氧化铁还原并增碳成为液态生铁，再从炉中放出，铸成锭块或浇铸成器，生铁可经过多种处理方式炼成钢或可锻铸铁。西方自公元前2000年一直采用块炼铁技术，直到公元14世纪欧洲才开始生产生铁并铸成铁器。[2]

中国最初使用的人工铁制品也是块炼铁产品，但很早就发明了生铁冶炼技术并随即占据了主流地位。已知最早的生铁制品是山西垣曲天马——曲村出土的春秋早期和中期（约公元前8至7世纪）的白口铸

---

①何堂坤．中国古代金属冶炼和加工工程技术史［M］．太原：山西教育出版社，2009：37.

②（丹麦）华道安．中国科学技术史（第5卷第11分册：化学及化学技术）［M］．剑桥：剑桥大学出版社，2008：356-357.

铁残块。[1]至迟在公元前6世纪生铁冶炼技术已有了规模发展，较多的生铁制品出现于黄河中游的晋陕豫和长江中下游的吴楚地区。目前已发现最早的冶炼生铁的竖炉是河南西平县酒店乡战国后期的竖炉。[2]

以生铁冶铸技术为基础，中国发展出一整套独特的钢铁冶炼和加工工艺。早期的铸铁是质脆而硬的白口铁，适宜铸造犁铧等农具。至迟于战国时期，发明了将白口铁加热获得可锻铸铁的铸铁柔化技术、将白口铁退火脱碳获得铸铁脱碳钢的制钢技术；至战国时期开始使用铁范成批铸造铁器；至迟于西汉，出现了在半融熔状态下将生铁炒炼脱碳成熟铁或钢的炒铁、炒钢技术，这使得工匠们能够以廉价的熟铁或钢料制作生产工具和兵器。东汉掌握了将钢铁制品进行多次折叠锻打的百炼钢技术，还出现了将生铁和熟铁合炼成钢的制钢技术，之后发展成为灌钢技术。另外，还陆续出现了夹钢、贴钢、生铁淋口、焖钢等多种制钢技术。[3]以生铁为本的钢铁冶炼技术大大提高了生产力，为古代政治、经济、文化发展奠定了技术和物质基础。中国生铁冶铸技术以中原为中心，逐渐向周边地区扩散传播，促进了周边地区经济和文化的发展。[4]

古代冶炼业的发展离不开鼓风技术。东汉时期出现了用于冶铸的水力鼓风机械——水排，这种装置在13世纪末已经发展为带有曲柄连杆机构的复杂机械。到宋代或宋以后，出现了另一种用于冶铸的鼓风机械，即双作用活塞式风箱。这种风箱的特点是无论推、拉活塞杆时

---

① 韩汝玢. 天马-曲村遗址出土铁器的鉴定［M］// 邹衡. 天马-曲村1980-1989（第三册）. 北京：科学出版社，2000年：1178-1180.

② 黄兴. 中国古代冶铁竖炉炉型研究［D］. 北京科技大学博士学位论文，2014.

③ 杨宽. 中国古代冶铁技术发展史［M］. 上海：上海人民出版社，1982年；华觉明. 中国古代金属技术——铜和铁造就的文明［M］. 郑州：大象出版社，1999；韩汝玢，柯俊主编：中国科学科技史（矿冶卷）［M］. 北京：科学出版社，2007；陈建立. 中国古代金属冶铸文明新探［M］. 北京：科学出版社，2014：302-307.

④ 王巍. 东亚地区古代铁器及冶铁术的传播与交流［M］. 北京：中国社会科学出版社，1999；陈建立. 中国古代金属冶铸文明新探［M］. 北京：科学出版社，2014：309-383.

均能鼓风，也即通过操作者的推拉运动实现连续鼓风。目前最早的图像见于1543年的一幅画中，一家铁匠铺里，三人挥锤锻打，另一个人拉风箱鼓风。[①]

二、造纸与印刷

造纸术和印刷术为推动人类文明做出了重大贡献。纸的发明，为人类提供了适宜的书写材料；印刷术的发明，节省了大量书写时间，加速了知识的生产和传播。

公元前2世纪已出现植物纤维纸。1930年代以来，新疆、甘肃、陕西等地多次出土西汉古纸。[②]甘肃天水放马滩汉墓出土的纸张有墨线图样，可能是地图残片，推测属于汉文帝、景帝时期（公元前179－公元前142年）。[③]敦煌悬泉置遗址发现古纸460片，检测样品为麻类纤维所

甘肃天水放马滩出土西汉古纸残片

① 史晓雷. 中国古代活塞式风箱出现的年代新考［J］. 中国科技史杂志，2015（1）.

② 潘吉星. 中国古代四大发明——源流、外传与世界影响［M］. 合肥：中国科学技术大学出版社，2003：31-32.

③ 田建，何双全. 甘肃天水放马滩秦汉墓群的发掘［J］. 文物，1989（2）：1-11.

成。西汉地层出土者为浇纸法产品，东汉地层有少量抄纸法产品。[①]其中汉昭帝时期（公元前86–公元前74年）地层出土古纸有隶书药名字迹，是迄今所见最早有文字的纸。[②]从考古发现和文献记载来看，西汉古纸主要用作包装材料。

公元2世纪初，东汉尚方令蔡伦对制造作为书写材料的纸张有重大贡献。他用树肤、麻头、敝布、鱼网造“蔡侯纸”[③]。这为纸的制造开辟了一个新的更广泛的原料来源，促进了纸的产量和质量的提高。汉末三国时，纸和缣帛、竹简均是当时的书写材料。到了魏晋南北朝时，除了麻纸、楮纸外，还出现了桑皮、藤皮纸等，纸张的舒适便捷顺应了历史潮流，政府曾下令禁止宫中使用简牍。到了4世纪时，纸成了唯一的书写材料。[④]公元751年，由于唐帝国与大食在中亚的战争，一批中国战俘被迫在撒尔马罕造纸，这是中国造纸技术西传的滥觞。到了1100年，中亚、西非及北非都有了造纸作坊，纸在阿拉伯世界普及开来。经过阿拉伯，中国的造纸术又传到欧洲，最先接触纸和造纸的欧洲国家是西班牙、法国和意大利。

《天工开物》抄纸图

① 李晓岑，王辉贺，超海．甘肃悬泉置遗址出土古纸的时代及相关问题［J］．自然科学史研究，2012（3）：277-287.

② 何双全《甘肃敦煌汉代悬泉置遗址发掘简报》，《文物》2000年第5期，4-20。

③ 范晔《后汉书》卷七十八，北京：中华书局，1965，2513。

④ 路甬祥．走进殿堂的中国古代科技史（中）［M］．上海：上海交通大学出版社，2009：118-119；同1：505.

到了 19 世纪后半叶，造纸术已经传遍世界。[①]

雕版印刷术在中国起源的时间不晚于 7 世纪末，起初主要用于佛像、经文印刷。唐代高僧玄奘历经艰辛到印度学习佛经，后来返回唐代都城长安后致力于弘扬佛法。7 世纪中叶时玄奘每年用回锋纸印刷大量普贤菩萨像，发给信众。[②]中晚唐时，雕版印刷已经用于印制世俗读本，一个例子是唐文宗太和九年（835 年）一道敕令说，不准民间私刻历书。[③]现存最早的带年款的雕版印刷物是唐咸通九年（868 年）敦煌发现的《金刚经》，它是世界上最早带有插图的印本书，卷首释迦牟尼说法的画面，妙相庄严、刻镂精美，雕印技法已臻成熟。到了宋代，官私刻书俱盛，成为中国雕版印刷史上的黄金时代。宋代刻书，品类齐全、印造精美，而且书坊遍布，以浙江、福建、四川最盛。

雕版印刷术传入朝鲜的时间可能为北宋初年，也是在北宋时，到中国的日本僧人携带一些宋本佛典回国，由此刺激了日本的雕版印刷。[④]到元代，雕版印刷通过阿拉伯世界传到了欧洲。[⑤]美国汉学家卡特（Thomas Francis Carter）说，“在欧洲雕版印刷的肇端中，中国的影响实为最后的决定因素。”[⑥]

中国还发明了活字印刷术。如果把整块木版中的字分割开来，就形成独立的活字。北宋沈括在《梦溪笔谈》中记载了庆历年间（1041-1048 年）一位叫毕昇的平民发明了“陶活字”，在一个铁框中排好字，然后压平，涂墨印刷。除陶活字外，北宋或元代出现了金属活字。从

---

① 潘吉星. 中外科学技术交流史论［M］. 北京：中国社会科学出版社，2012：514-521.

② 中国科学院自然科学史研究所. 中国古代重要科技发明创造［M］. 北京：科学普及出版社，2016：138.

③ 张秀民. 中国印刷术的发明及其影响［M］. 上海：上海人民出版社，2009：24-25.

④ 同张秀民：103.

⑤ 同潘吉星：584.

⑥ 卡特. 中国印刷术的发明和它的西传［M］. 北京：商务印书馆，1991：180.

漫长的印刷史看，雕版印刷术是中国古代主要的印刷方式，活字印刷术未占主流。

三、瓷器

1498年，葡萄牙人达伽马绕过非洲好望角，开辟了通往印度的新航线。之后，许多葡萄牙人、西班牙人、荷兰人和英国人乘船接踵而至地抵达东亚，往欧洲运回大量中国瓷器获得巨额利润。其中，1614年荷兰东印度公司“格尔德兰”商船一次就装运中国瓷器69057件。当时欧洲上层社会使用、收藏中国瓷器成为风尚，据保守估计，仅18世纪，中国输入欧洲的瓷器就达六千万件以上。[①] 在17–18世纪，欧洲兴起了一股中国热，中国瓷器兼具的实用和艺术功能，以及它表现出来的精巧、细腻、华丽、不计繁琐的美学风格，对欧洲的文学和艺术都产生了很大影响。瓷器（china）也成了中国（China）的代名词。

大约在商代早期，中国古代先民在烧制陶器的实践中，不断地改进原料选择与处理，提高烧成温度，并器表施釉，创造了从陶到瓷过渡的原始瓷器。[②] 这种原始瓷器胎色灰白、胎质坚硬、表面施青绿色釉，故也叫“青釉器”。至迟在东汉时期已经烧制出成熟的瓷器，使中国成为发明瓷器的国家。[③] 东汉瓷器胎体坚实，烧制温度在1200度以上。该时期的瓷窑遗址以浙江省最多，代表性的是浙江上虞县小仙坛遗址出土的瓷器残片。

在唐代中期之前，中国瓷器生产以南方生产的“青瓷”为主。特别是浙江绍兴、余姚一带的越窑产品最为驰名，有人盛赞诗曰“九秋

---

① 潘吉星. 中外科学技术交流史论［M］. 北京：中国社会科学出版社，2012：248.

② 中国硅酸盐学会:《中国陶瓷史》，文物出版社，1982年，76页

③ 李家治、陈显求、张福康、郭演仪、陈士萍等:《中国古代陶瓷科学技术成就》，上海科学技术出版社，1985年，1页

风露越窑开，夺得千峰翠色来。”[①]另一种白瓷，大约北朝晚期开始在北方出现，其釉的助熔剂主要是氧化钙，同时要求铁的含量越少越好。到了唐代中期，白瓷烧制技术也逐渐成熟，以北方邢窑（今河北临城、内丘一带）为代表，釉色纯净似雪。这样在唐代，瓷器生产大致可以归纳为“南青北白”。

宋代制瓷业空前繁荣，工艺精湛，形成了著名的七大窑系，分别是北方的定窑、磁州窑、耀州窑，南方的景德镇窑、越窑、龙泉窑和建阳窑。比如磁州窑的特色，以白底黑花为主，在宋瓷中别具一格，特别是釉下黑彩的彩绘瓷枕，画面多取材生活小景，极富生活情趣。[②]再如南方景德镇窑，质薄色润、明澈透光、白中泛青，白度和透光度极高，是宋代制瓷技术的代表作。

元代青花瓷技术是一大创新，这是中国陶瓷从素面装饰走向彩绘装饰的分水岭，也是景德镇一跃成为全国瞩目的陶瓷产地的重要原因之一。[③]青花瓷是运用钴料进行绘画装饰的釉下彩瓷器。所谓釉下彩，就是指先用青花料在素胎上绘成花纹图案，然后上透明釉，在1200度以上的高温中一次烧成。因为青花料中含氧化钴，故呈青色。青花瓷白底蓝花，明净素雅，有中国传统水墨画的风格，独具神韵。[④]

明宣德年间的青花龙瓶

明代瓷器加彩的方法更加多

① 杜石然，范楚玉，等．中国科学技术史稿（上册）[M]．北京：科学出版社，1982：272.
② 中国硅酸盐协会．中国陶瓷史[M]．北京：文物出版社，1982：246.
③ 方李莉．中国陶瓷史（下卷）[M]．济南：齐鲁书社，2013：467.
④ 中国硅酸盐协会．中国陶瓷史[M]．北京：文物出版社，1982：339.

样化，如有在烧成的青花瓷器上加上红、黄、绿、紫等彩料，再经炉火烧炼而成的斗彩，还有包括红彩在内的五彩瓷器等。清代的素三彩、五彩和粉彩、珐琅彩名闻中外。粉彩和珐琅彩都属于“釉上彩”，即在烧成了瓷器釉面彩绘，然后再在炉中低温烘烤，使彩料结于釉面之上。[①]

1793 年，英国马戛尔尼（George Macartney）使团到达中国，除了请求通商贸易及在华利益外，还希望清政府援助英国建立一个瓷器厂，并且把原料包括黏土、高岭土、釉料出口到英国。但这些计划均落空，在回国途中，他们原计划到景德镇考察，结果因为一些原因也未能前往。不过，1801 年，英国东印度公司停止了对中国瓷器的进口。一方面是因为，英国制瓷技术的改进以及社会风尚的转变；另一方面，他们将有限的资金投入到了利润更大的茶叶方面。[②] 当马戛尔尼心存遗憾之时，不曾想到，世界瓷器贸易的格局正在发生变化。

四、火药与火器[③]

火药是中国四大发明之一。中国古代的火药是以硝石、硫黄和木炭（或其他易碳化的有机物）按照一定比例组成的混合物，因其点火后迅速燃烧生成黑色烟焰，西方称之为黑火药。

中国古代火药的发明与炼丹术密切相关，在炼丹过程中为了防止爆炸和猛烈燃烧，炼丹家采用了许多“伏火”的配方。晋代炼丹家葛洪的《抱朴子》已有将硝、硫、炭合炼制丹的记载。

至晚于 9 世纪初，中国已经发明了火药。成书于唐宪宗元和三年

① 杜石然，范楚玉，等．中国科学技术史稿（下册）[M]．北京：科学出版社，1982：222.

② 陈国栋．东亚海域一千年（增订新版）[M]．台北：远流出版事业股份有限公司，2013：309.

③ 本节主要参考：中国科学院自然科学史研究所．中国古代重要科技发明创造[M]．北京：中国科学技术出版社，2016：144-145，162-165.

（808年）的《太上圣祖金丹秘诀》“伏火矾法”明确记载了硫二两、硝二两、马兜铃（遇明火碳化）三钱半的火药配方。而且，当时的炼丹家已经注意到这一配方的危险性，并采取了一定的防御措施。另一部宋人辑录的炼丹术作品《诸家神品丹法》记载了一种“伏火硫黄法”，采用了与“伏火矾法”类似的火药配方。成书于10世纪上半叶的《真元妙道要略》记载，有一些炼丹家用硫磺、雄黄、硝石和蜂蜜放在一起加热，结果祸从天降，轻者烧伤手部、面部，严重者房屋也烧成灰烬。这是世界上火药具有爆炸性杀伤力的最早记载。到了10世纪后半叶，即五代到北宋初期，火药已经用于军事。《宋史》已记载到这一时期的火器，如火箭、火球、火蒺藜等。

“火药”一词最早出现于宋仁宗时期（1022–1063年），据《宋会要》记载，该年汴京的武器作坊中专门有生产火药的“火药作”。约1047年成书的《武经总要》首次记载了三个军用的火药配方：毒药烟球方、火砲火药方和蒺藜火球方。13世纪，蒙古军队西征时把火药技术带到阿拉伯。阿拉伯人在14世纪初将火器传到了欧洲。李约瑟认为，14世纪火炮的第一次轰鸣，敲起了城堡的丧钟，因而也敲响了西方的军事贵族封建制的丧钟。

火药发明以后，最先用于军事制成火器的是投射机发射的火球和弓弩发射的、用于纵火的“火药箭”。作为现代火箭先声的反冲式火箭的出现，与北宋末年汴京（今开封）流行的烟火杂戏有关。在烟火娱乐中，人们逐渐认识并利用了爆炸的反作用原理。南宋高宗绍兴三十一年（1161年）宋金采石之战中，宋军可能利用了反作用原理的军用火箭投入实战。这种火箭名叫“霹雳砲”，形象地说它就是一种大型的民间“二踢脚”，其构造是：在纸筒下部装发射药，上面装爆药，两者以药线相连。点燃发射药后，纸筒下部喷出火焰和气流，产生反作用力，使装置升空。发射药燃尽后，引燃爆药，于是一声巨响，纸筒被炸开。爆炸可在空中、也可在水面上发生。因纸筒内含石灰，故爆炸后灰面四散。这种装置是放出石灰烟雾的原始火箭弹，即用火箭运载的炸弹。

同样在南宋和金朝，出现了竹筒或纸筒制成的管形火器，在筒内点燃火药，用以喷射火焰。南宋开庆元年（1259 年），寿春府所造突火枪是第一种见于记载的管形射击火器，以巨竹为筒，点燃筒内火药，发射“子窠”。13 世纪末，元朝军队已装备金属火铳。大德二年（1298 年）款铜碗口铳是迄今所知最早的火铳实物。13 世纪前后，中国火器技术向周边扩散，间接催生了欧洲的火药武器。16–17 世纪，明朝东南沿海以及北部边疆的一系列军事冲突，推动了欧式火器的引进与本土化。

元大德二年（1298 年）铜碗口火铳

第三节　构筑华夏

本节的主题主要讲“营造”，主要指建筑和土木工程的构筑技术。官方颁布的营造技术规范，最早可追溯到北宋崇宁二年（1103 年）刊行的《营造法式》。木构建筑是中国传统建筑的主流，其主要特点是以木构柱梁作为承载骨架，以土、砖、石或木料作为围护物而形成房屋。在筑城方面，板筑法是主要方法，砖砌法在明中期之后普遍应用。大规模的水利工程也是营造的重要内容，其中以都江堰和大运河为代表。中国园林被誉为“凝固的诗、立体的画”，通过宫殿、厅堂、楼阁、轩榭、亭、廊、台、桥、舫等，组成开朗、幽深、收敛、明畅的空间，移步换景、使人流连忘返。

一、木构建筑

在7000年前的浙江余姚河姆渡遗址，已经出现木结构的有前廊的干栏式建筑。其营造方法是以桩木为基础，其上架设横梁，构成架空的建筑基座，再在上面铺设楼板，在楼板上立柱、作墙、盖顶。在木构件拼合过程中，采用了十多种榫卯结构。这种干栏式木建筑，适应了当时地势低洼、潮湿温热的气候，具有良好的通风和防潮性能。[①] 目前，这种形态的建筑在中国西南一些乡村还在使用。

中国古代建筑中以木结构为主的结构方式，创造了与这种结构相适应的各种平面和外观，从河姆渡遗址起，一脉相承，形成了独特的风格。首先是木结构为主的房屋，以木构架承屋顶或楼层的重量，墙壁是围护结构，只承自重，室内可以不设墙壁，外墙上可以任意开门窗，甚至可以建设没有墙壁的敞厅。有句话叫“墙倒屋不塌”，形象地概括了这种木构架建筑的特点。这种结构外观上分为台基、屋身和屋顶三部分，可以防潮及避免雨淋。自南北朝开始，出现了有利于采光和排水的弧面下凹、檐口平缓的屋顶面。

“斗拱”结构是中国建筑的一个特点，到唐宋时发展到高峰。所谓“斗拱”，是较大建筑物立柱与屋檐间独特的木构件，由斗、升、拱、翘、昂等构件组合而成，作用是承托上部伸出的屋檐，将屋顶重量传

① 苏秉琦. 中国远古时代［M］. 上海：上海人民出版社，2014：53；路甬祥. 走进殿堂的中国古代科技史（下）［M］. 上海：上海交通大学出版社，2009：28.

到额枋并转移到立柱上，兼有装饰之用。山西五台山的佛光寺是现存不多的唐代建筑之一，其斗拱雄大，高度占到柱高的一半，屋檐挑出近 4 米。元明清时，斗拱逐渐变小，其悬挑屋面的结构作用逐渐减弱，装饰功能更加明显。[①] 唐代诗人杜牧写有一首散文《阿房宫赋》中所说的“钩心斗角”（也作：勾心斗角）指的就是斗拱件互相穿插、勾连的意思，后来演变成了人与人之间用尽心机、明争暗斗的意思。

中国古建筑另一个特点是中轴对称的院落式布局，小至一院的主宅，大至宫殿、寺庙，都由院落组成。[②] 房屋以间为单位，若干间并联成一座房屋，几座房屋沿地基周边布置，围合成庭院；院落大都取南北向，主建筑在中轴线上，面南称正房；正房前面东西两侧建东、西厢房；南面又建面向北的南房，共同围成四合院。院落大多呈左右对称，有一条穿过正房的南北中轴线。大型建筑群还可沿着南北轴线串连若干个院落，每个称“一进”。更大的建筑群还可在主院落的一侧或两侧再建一个或多进院落，形成两三条轴线并列，主轴线称为中路，两侧的称东路、西路。北京的故宫是这种院落布局的典型，它始建于 1406 年，完成于 1420 年，后又经多次翻修加建至今，是世界上现存最大、最完整的木结构的古建筑群。故宫内部包括沿中轴线分布的南部的外朝与北部的内廷两部分，中轴线上从南到北依次分布着太和殿、中和殿、宝和殿、乾清宫、交泰殿、坤宁宫，西路中轴线上分布着武英殿和慈宁宫，东路主轴线上有文华殿、奉先殿。

中国古代的城市基于院落形成，若干院落并联成一条巷，若干巷前后排列组成小街区，若干小街区组成一个矩形的坊或大街区，若干坊或大街区纵横成行排列，其间形成街道网，最后形成宫殿、衙署或

---

① 路甬祥. 走进殿堂的中国古代科技史（下）[M]. 上海：上海交通大学出版社，2009：18.
② 路甬祥. 走进殿堂的中国古代科技史（下）[M]. 上海：上海交通大学出版社，2009：20.

钟、鼓楼等公共建筑为中心的有中轴线的城市。[1]城市规划的思想最早见于先秦著作《考工记》，当时已经对王城、诸侯城的城墙、道路等做了等级规定，对城市的功能布局作了规划，建筑规划中蕴含的社会政治观念及布局理念一直影响到了近代。

二、长城

前面说到木结构是中国古代建筑的基本特征，但这并不说明“墙”在建筑中的地位不重要。中国古代城市的基本格局是：东西南北四边高墙合起来的一块地方，每边有若干道城门，城门连通城内街巷，形成一个大型的棋盘式空间。站在南京、西安、北京，或山西平遥等地的古城墙上，可以更好地抚摸这些城市的历史与沧桑。中国最著名的“墙”首推长城，它不但是建筑上的奇迹，更成了中国文化和精神的一个重要象征。

战国时期，地处北方的秦、赵、燕三国北部边境与草原相邻。草原地区有匈奴、楼烦、林胡等少数民族，以匈奴最强大，他们对中原构成了很大威胁。在这种情况下，这三国开始在北部修筑长城。“因地形，据险制塞”已经成为当时的修筑长城的原则。山岭缺口处用石头砌墙，交通大道的山口则筑障、塞，平地则用夯土、柳条叠筑，并加上烽火台等附属物，易于防守。[2]公元前221秦始皇统一全国后，以秦、赵、燕的长城为基础，大规模地修筑西起临洮、东到辽东的长城，长度超过一万里，建筑方式一般是石块垒砌、土石混筑和夯土墙三种形式。汉武帝改变防御战略，主动出击并打败匈奴，又在公元前121年到公元前101年间修筑东起辽东、西达盐泽共两万多里长的长城。[3]汉

---

①路甬祥. 走进殿堂的中国古代科技史（下）[M]. 上海：上海交通大学出版社，2009：22.

②河北省地方志编纂委员会. 河北省志（第81卷长城志）[M]. 北京：文物出版社，2011：535.

③王金锋. 长城纵览：古代浩大的防御工程[M]. 北京：大百科全书出版社，2000：5.

长城不仅能抵挡异族入侵，还兼有传递军事信息、邮递、驿站、边疆屯田等功能，还守护着中原与西域交通的安全。①

为了防御北方蒙古族及东北女真族的侵扰，明朝大规模修筑长城，西起嘉峪关，东至辽宁虎山，长达 8800 多公里。八达岭长城是现存最完整、最具代表性的明长城。它的城墙为砖石结构，用整齐的条石和砖砌墙身外侧，内部填充灰土碎石，平均高 7–8 米，基宽 6–7 米，顶宽 5–6 米。墙顶用三、四层砖铺砌而成，上面一层用方砖铺砌，下面二层、三层用条砖铺砌，宽阔平坦，可以“五马并骑、十人并行”。墙顶两边有砖砌矮墙，外侧叫雉堞或垛墙，内侧叫宇墙或女儿墙。垛墙为迎敌面，一般高 1.7–2 米，便于掩护人体。城墙每隔不远处设拱门，有阶梯通至墙顶，为守兵上下城墙通道。城墙每隔 500 米左右，砖砌一高出城墙顶的方形城台，是古代卫兵巡逻放哨的地方。②

长城

① 马建华. 长城：镌刻在大地上的文明［M］. 北京：现代出版社，2015：77.
② 赵建军. 八达岭特区志［M］. 北京：社会科学文献出版社，2011：33.

横亘在中国北方的万里长城，跨崇山、越峻岭、穿草原、度沙漠，起伏盘旋、雄伟壮阔，它是中国古代建筑和土木工程的奇迹，是保护中原农耕文明的屏障。

三、都江堰

古代中国有大量的水利工程和治水故事。大禹治水的故事讲述了大约距今4000年前治理黄河泛滥的事。大运河是对中国经济社会影响显著的宏大水利工程，它贯通于7世纪初，沟通了海河、黄河、淮河、长江和钱塘江五大水系，全长2000余公里。这里举例介绍另一项水利工程——都江堰。

中国西南的四川享有“天府之国”美誉。岷江发源于四川省松潘县境内海拔4000多米的岷山南麓，向南流入四川宜宾汇入长江，全长700多公里。岷江上游蜿行于深山峡谷之中，水势湍急，到了灌县便进入了成都平原，那里地势平坦，夏秋涨水时，河水游荡无羁，泛滥成灾。公元前256年，李冰任蜀郡太守，带领民众治理岷江，兴修了沿用至今的都江堰水利工程。都江堰设计巧夺天工，主要由分水鱼嘴、飞沙堰、宝瓶口三个主体工程构成。

分水鱼嘴是指渠首分水堤，因形似鱼嘴而得名。它巧妙利用地形，将岷江水一分为二，西侧的外江宽而浅，东侧的内江窄而深。江水少的时候，水主要在内江，用于灌溉。洪水来时，江水顺着外江而泄洪。这样分水鱼嘴不但能起到分水引流的作用，还能起到调节水量的功能。

飞沙堰是分水堤下段的泄洪坝，长约200米。它有两个作用，一是溢流排洪，一是“飞沙”。当内江的水量超过下方宝瓶口所需水量时，多余的水量将从飞沙堰溢到外江去。在弯道环流的作用下，内江沙石含量少的表层水流涌向东侧，沙石含量多的底层水流被推挤出飞沙堰涌向外江。洪水越大，飞沙堰泄洪排沙的能力越大。[①]后世关于都江堰治水经验总结的“深淘滩、低作堰”，就是针对内江河道及飞沙堰而言的，“深淘滩”是说内江河道需要一定深度，有利于灌溉；“低作堰”是说飞沙堰不能筑得太高了，否则泄洪和飞沙作用就会受影响。

宝瓶口是为内江通向成都平原开凿的入水口，因形似瓶颈，故称“宝瓶口”。它是整个都江堰水利工程的咽喉，控制着进入成都平原水量的大小。宝瓶口平均宽 20 米、高 18 米、长 36 米，形成了一座天然的调节水闸。在宝瓶口东侧的石壁上，有宋代刻的 24 道“水则”，间距一尺。这是中国古代最早的水位标尺[②]。

都江堰设计巧夺天工，三个主体工程珠联璧合，灌溉着成都平原，成就了丰饶的天府之国，是世界水利工程的一个奇迹。2000 年，联合国教科文组织把它列入“世界文化遗产名录”。

如今的都江堰（逆鱼嘴向）

① 都江堰市委员会文史资料工作委员会. 都江堰市文史资料（第八辑）. 1991：28.
② 张德重. 世界文化遗产都江堰［M］. 成都：四川美术出版社，2013：36.

第四节　格物穷理

中国先贤“格物穷理”，即考察各种事物以获得知识，在数学和自然科学方面做出了独特的创造。在数学方面，采用十进位值制记数法，形成以《九章算术》为代表、以算筹为计算工具的知识体系，宋元时创造了高次方程的数值解法和多元高次方程组解法。在天文学方面，长期进行天文观测并留下了丰富的天象记录，殷商至汉代形成阴阳合历，采用赤道坐标天文仪器。在物理学方面，战国时期墨家学派研究了有关杠杆的力学问题和小孔成像现象，后来发现天然磁石的指向性并发明了指南针。

一、《九章算术》

古埃及早就采用了十进制，但他们还没有建立位值制。比如埃及象形文字用｜表示 1，用∩表示 10，用𓍢表示 100，那么表示 232 时他们就用 2 𓍢个、3 个∩、2 个｜放到一起，且上下左右放置均可。古巴比伦早于中国采用位值制，但不是十进制而是六十进制。现在通行的印度—阿拉伯数字记数法是十进位值制，源于印度，但不如中国早。

中国古代常用的计算工具是算筹，而算筹的使用则以十进位值制记数法为基础。早在殷商时，就有准十进位制记数法。当时已经能利用表示基本数字 1–9 和数字单位十、百、千、万等符号组合，表示十万以内的任意自然数。① 算筹是长条状的小棍，材质可以是竹、木、骨、金属等，甚至可以是象牙，但以竹为多。用算筹表示 1–9 的自然数有两种方式。

---

① 邹大海．中国数学的兴起与先秦数学［M］．石家庄：河北科学技术出版社，2001：67-68；郭书春．中国科学技术史（数学卷）［M］．北京：科学出版社，2010：20.

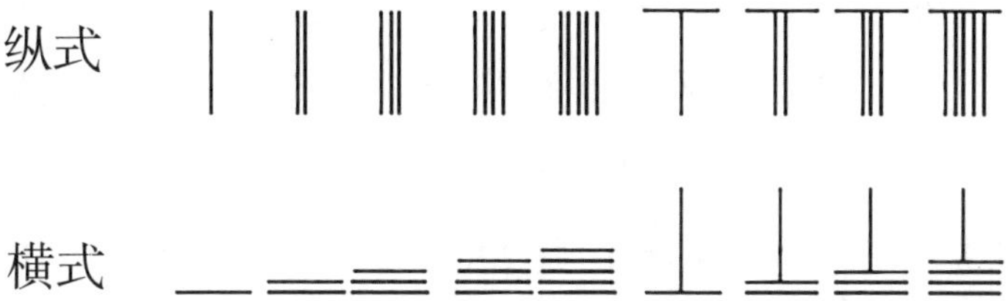

记数时，个位、百位、万位等奇数位上的数字用纵式，十位、千位、十万等偶数位上的数字用横式，纵横交错表示自然数，遇到某位上的数字为〇，则用空位表示。

至晚在中国春秋时期算筹记数法不仅已经产生，而且流传开来。与此同时，“九九”乘法口诀（古代以“九九八十一”开头，故称“九九”）在春秋时也已普及。“九九”、十进位制和算筹的配合，整数的四则运算就轻松解决了，在此基础上中国古代形成了分数运算、开方等运算，以及各种复杂的算法。[①] 直到14世纪，算筹一直是中国人常用的计算工具，其简便快捷的优点，造就了中国古代数学长于算法的特点。

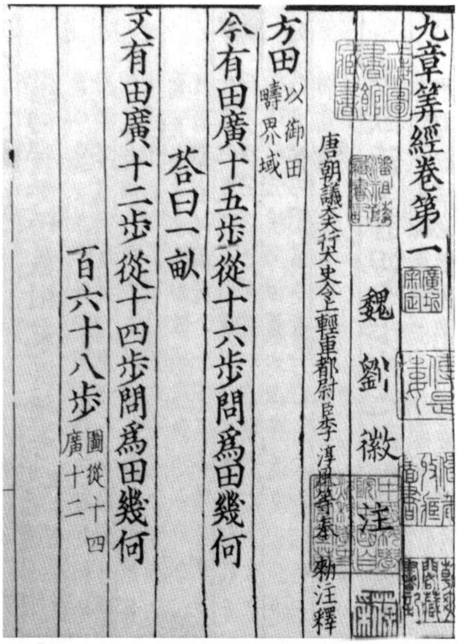
九章筭經卷第一
魏　劉徽　注
唐朝議大夫行太史令上輕車都尉臣李淳風等奉勑注釋
方田　以御田疇界域
今有田廣十五步從十六步問爲田幾何
荅曰一畝
又有田廣十二步從十四步問爲田幾何
百六十八步　圖從十四廣十二

宋嘉定六年（1213年）《九章算经》刻本

中国传统数学最重要的著作是《九章算术》，分为九章：方田、粟米、衰分、少广、商功、均输、盈不足、方程和勾股。[②] 其主要内容在先秦时期已具备，经

① 邹大海．中国数学的兴起与先秦数学［M］．石家庄：河北科学技术出版社，2001：67-68；郭书春．中国科学技术史（数学卷）［M］．北京：科学出版社，2010：108.

② 同郭书春：77.

过西汉时期删补而成的本子流传至今。该书基本采用普遍性算法统率例题的方式，这些算法用脱离具体数字（常数除外）的抽象性术文表达，只有少量内容针对具体的实际问题给出特定的计算方法。因此，这是一部算法和例题（共 246 个例题）的汇编。其内容非常丰富，包括分数四则运算、各种比例算法、面积和体积公式、开平方法、开立方法、工程和运输算法、盈不足方法、勾股定理和测高深广远的方法、正负数和用矩阵方式求解多元一次方程组的方法等。利用这些方法，可以处理生活、生产和其他活动中的各种实际问题。

比如《方程》第三个问题是：上等禾 2 束和中等禾 1 束、中等禾 3 束和下等禾 1 束、下等禾 4 束和上等禾 1 束，打下的谷子都分别正好是 1 斗。问上、中、下三等禾各 1 束，分别能打出多少谷子？其解法是：用算筹从上至下分别列出上等、上等、下等禾的束数和打出的谷子数，得到含有右、中、左三列的式子（左），用印度–阿拉伯数字表示就是（中），这相当于现代的增广矩阵（右）。古人利用同一列各数乘同一个数和两列相加或减的方式，求出问题的解，这与后来的高斯消元法很相似。

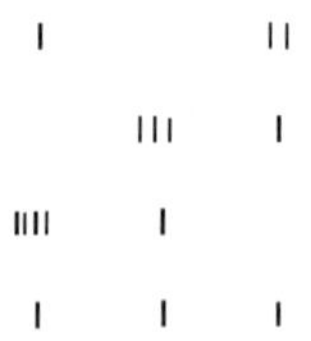

1		2
	3	1
4	1	
1	1	1

$$\begin{pmatrix} 2 & 1 & 0 & 1 \\ 0 & 3 & 1 & 1 \\ 1 & 0 & 4 & 1 \end{pmatrix}$$

《九章算术》形成了以算法中心的数学知识系统，具有与古希腊欧几里得《几何原本》体系完全不同的特点，奠定了中国古代数学长于计算、追求算法、看重实际应用的特点。该书的缺点是没有给出算法的依据和推导，这一缺点直到公元 3 世纪刘徽给《九章算术》做注才得到弥补。总之，《九章算术》在东方数学史上的地位与欧几里得《几何原本》西方数学史的地位相当，其完备的分数运算法则和比例算法，盈不足方法、正负数概念、多元一次方程组解法等都处于当时世界领先水平。

二、观象授时

观察天象成为生活的一部分，制订历法，安排农事、祭祀等重要活动的时刻更需要依据天象。2003年，考古学家在山西襄汾发现了古老的陶寺观象台遗址（约建成于公元前2100年），认为这座观象台主要功能是观测日出方位，以确定与陶寺文化相关的时节。观测太阳的同时应该也包含着在重要的日期，如冬至、夏至日，祭祀太阳的活动。①

中国的传统历法属于阴阳合历，也即以太阳年为年长的基础，以朔望月为月份，通过设置闰月以调整季节和月份的关系的一种历法。这样的历法月份与季节的对应有一定的波动范围，最大可接近一个月。根据太阳在恒星中的位置划分出二十四节气，这实际上是中国历法中的阳历部分。最初二十四节气是把回归年平均分成24等分，每一个节点称为一个节气或中气。节气与中气依次相间排列。其中，节气包括立春、惊蛰、清明、立夏、芒种、小暑、立秋、白露、寒露、立冬、大雪、小寒，中气包括雨水、春分、谷雨、小满、夏至、大暑、处暑、秋分、霜降、小雪、冬至、大寒。南北朝时，天文学家发现太阳在星空背景下的运行并不均匀后，根据太阳的实际位置对二十四节气的计算进行了改进，不再是简单地平分一年的时间。二十四节气主要用于指导农耕生产，融入了中国传统文化，许多诗词歌赋也以它为主题。

---

① 李勇．世界最早的天文观象台——陶寺观象台及其可能的观测年代［M］．自然科学史研究，2010（3）.

中国古代将星空划分为“三垣二十八宿”。“垣”指城墙，“三垣”就是在天空中划分出的三块用“墙”围起来的天区。“二十八宿”是沿着黄道或赤道带依次划分的28个星座，这种划分方法在春秋战国时期已经成熟。二十八宿与北极结合构成中国古代的赤道坐标系，用“入宿度”和“去极度”描述任一天体的位置。“二十八宿”又分为四象，对应着4个远古华夏民族的图腾，分别是东方苍龙、西方白虎、南方朱雀、北方玄武。以东方苍龙为例，它包括角、亢、氐、房、心、尾、箕七个星宿。“三垣”至晚于隋唐时出现。三垣分别是紫微垣、太微垣和天市垣。受“天人合一”思想的影响，星空的排布命名要与人间相对应。比如，紫微垣是以北极为中心的一块天区，相当于天上的“皇宫”，其中“帝星”对应人间的皇帝，“后宫”对应人间的皇后，“八谷”对应人间的粮仓。太微垣是天帝、大臣办理政务的地方，天市垣就是天上的贸易市场。

中国古代有丰富的天象记录。“天象”泛指各种天文现象，比如天体出没、月球盈亏、日月交食、行星冲合、流星闪逝、彗星隐现、新星爆发、陨星坠落等。有关日月食、彗星、太阳黑子、新星等方面的记录对现代天文学的研究也具有很高的价值。[①]例如，1920年代，天文学家发现金牛座的蟹状星云正在膨胀，根据哈勃定律推算，它在11世纪时应该是一个点。后来在中国的古籍中发现了1054年多次记载到的一次超新星爆发记录。天文学家认定现在的蟹状星云就是那次超新星爆发后的遗物。这样，中国古籍中关于天关客星的记载成为验证超新星爆发相关理论的重要资料。再比如，从汉代到明末，中国有关太阳黑子的记录达100多条，涵盖了大小、形状、位置、出现时间等等信息，而欧洲的伽利略在1608年才利用望远镜发现太阳黑子。中国古代

① 中国科学院自然科学史研究所．中国古代重要科技发明创造［M］．北京：科学普及出版社，2016：32.

对太阳黑子和极光等天象的记录对研究地球物理学、天体物理学及大气物理学都有裨益。[①]

中国人最早使用的天文仪器应当是圭表，它由一根直立的“表”和一个正北方向平置的“圭”构成。圭表主要用于测定真太阳时的正午时刻。根据“表”在“圭”面上的影子的最短和最长日子，分别确定夏至日和冬至日，进而推算一回归年的长度。[②]中国天文学家主要采用赤道坐标和用于测定五星和恒星的天球坐标的浑仪。最初测量二十八宿的赤道距度使用的可能是比较简单的赤道式仪器。浑仪在7世纪时已经发展为三层环的结构。1092年，苏颂和韩公廉在北宋都城汴梁（今开封）主持制造成一座综合性天文仪器，即水运仪象台。它高约12米，共分3层：上层置浑仪，用于观星；中层置浑象，用于演示天象；下层是报时系统和动力装置。它的动力和控制系统将精确计时的漏壶、秤漏、水轮、杆系等巧妙地结合起来，创造了特殊的擒纵机构，控制水轮均匀地做间歇运动，同时驱动报时系统、浑象和浑仪。报时系统分为五层，通过摇铃、打钟、敲鼓、击钲或者出现木人等形式，报告时、刻、更、筹等的变更。今人根据苏颂[③]完成的《新仪象法要》的成套插图与文字解说，复原了

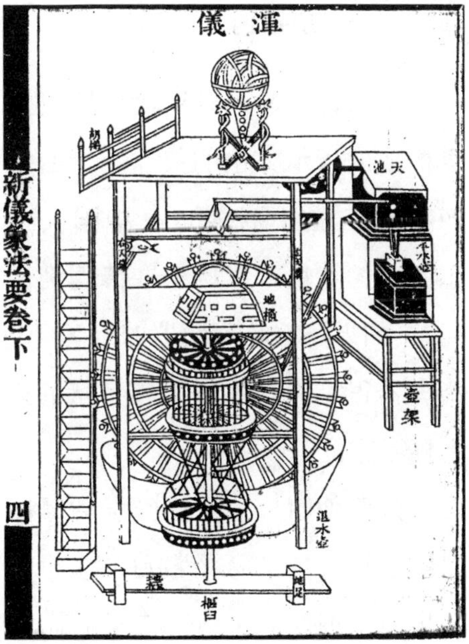

《新仪象法要》水运仪象台

① 戴念祖. 我国古代的极光记载和它的科学价值［J］. 科学通报，1975（10）；前沿［J］. 环球科学，2016（8）：16.

② 宣焕灿. 天文学史［M］. 北京：高等教育出版社，1992：23.

③ 苏颂. 北宋中期宰相，杰出的天文学家、天文机械制造家、药物学家。

水运仪象台。

唐宋时，浑仪的结构越来越复杂，因环交错多，故容易遮蔽天区。到了元代，郭守敬[①]简化浑仪，制成简仪。简仪的革新是把测量不同坐标的同心环分成各自独立的赤道装置与地平装置。赤道装置仅保留了浑仪的百刻环、赤道环和四游环。其中百刻环是固定的，赤道环和四游环可以绕极轴旋转，用于测量星的赤道坐标。地平装置中除了地平环外，增加了一个可转动的立运环，用以测量星的地平高度和地平方位。简仪的精度可以达到1/20度，较宋代浑仪提高了5倍。[②]中国现存最早的简仪是明代1437年仿制元代的一架，现陈列于南京紫金山天文台。

三、指南针

指南针，又称磁罗盘或罗盘针，是由人工磁化的磁针和方位刻度盘构成的指示方位的仪器。它的发明是确定方位的长期实践过程中的产物[③]。在战国末期时，中国人已经发现了磁石的指极性，即能够指示南北的特性。秦始皇在修建阿房宫时，命人用磁石垒了一道“磁石门”，如果身上暗藏武器的刺客经过，便会吸住而被发现。早期的磁性指向器很可能是将加工成勺状的天然磁石，放在占卜用的盘上（地盘上标有方位）[④]。

南北朝时，古人已经发现摩擦方法可以将普通钢针等温磁化，并以吸引钢针连续悬吊数目的多少评判剩磁强弱。到公元9世纪末，一些堪舆[⑤]书籍对指南针有所记载。约成书于1044年的《武经总要》介

①郭守敬. 元朝著名的天文学家、数学 家、水利工程学家。
②陈美东. 郭守敬评传［M］. 南京：南京大学出版社，2003：136
③潘吉星. 中外科学技术交流史论［M］. 北京：中国社会科学出版社，2012：115.
④戴念祖. 古代物理学史［M］. 长沙：湖南教育出版社，2002：202.
⑤堪舆：堪，天道；舆，地道。堪舆即风水，中国传统文化之一。

绍了一种制造“指南鱼”的方法：用薄铁片裁剪成二寸、宽五分的鱼形，然后把铁片烧红，到一定火候时，用钳子取出鱼头朝南、鱼尾朝北，然后蘸入冷水中，这样指南鱼就制成了。当它漂于水面时，头会指南、尾指北。用现代物理知识解释则为，当高温加热时，铁片内的磁畴排列被打乱。铁钳有一定的磁性，磁畴便按照铁钳钳头磁极方向重新排列为有序状态，通过淬火降温，获得稳定的热剩磁。① 如果顺着地球磁场方向淬火冷却，磁畴便按照地磁方向重新排列为有序状态，从而产生磁性。②1090 年前后，北宋政治家沈括在《梦溪笔谈》中记载了有关数学、物理、天文历法、气象、建筑和水利等的知识，其中详细说明了指南针的 4 种使用方法。指爪法是把磁针放在指甲上；碗唇法，将磁针置于碗沿上；水浮法，将磁针横贯灯芯草浮于水面上；缕悬法：将磁针以独股茧丝用蜡少许粘于针腰，无风处悬挂。③ 这四种方法中以“缕悬法”最优。

指南针较早就用于航海。1119 年《萍州可谈》记载，海船的领航员熟悉地理，夜里察看星空，白天观察太阳，阴雨天则看指南针。早期的航海罗盘比较简单，就是在一个瓷碗或瓷盘上沿套上一圈方位盘，碗或盘内盛水，以穿过灯草的磁针浮于水面作指南

南宋张仙人俑

① 黄兴. 博士后出站报告. 中国科学院自然科学史研究所，2016：112-118.（内部资料）
② 路甬祥. 走进殿堂的中国古代科技史（中）[M]. 上海：上海交通大学出版社，2009：201.
③ 郭书春，李家明. 中国科学技术史（辞典卷）[M]. 北京：科学出版社，2011：463.

针，这种罗盘称作水罗盘。[1]航行经验的积累，促进航行者要清楚航路上岛屿、暗礁或其他标志罗盘应取的方向，这叫针位。沿着针位航行的轨迹，叫“针路”或“指南”等。正是靠着针路图和天文导航等技术，明代郑和率领两万多人的庞大船队，从 1405 年到 1433 年七次“下西洋”，穿过印度洋，最远抵达非洲东海岸及红海沿岸。有学者认为指南针是先通过陆地经俄罗斯传到欧洲，又在 13 世纪从海上传至阿拉伯。[2]

第五节　中医药学[3]

中医药是包括汉族和少数民族医药在内的各民族医药的统称，是反映中华民族对生命、健康和疾病的认识，具有悠久历史传统和独特理论及技术方法的医药学体系。

中医药至先秦两汉时形成以“整体观念”和“辩证论治”为特点的医学体系，又经历数代不断的充实和发展，在基础理论、药物学、方剂学、针灸学等方面取得了重要的成就。一般认为，中医的治疗体系主要有两种形式，一是以“神农—草药”为主的药物治疗法，二是以“黄帝—针砭”为主的针灸治疗法，包含了疾病预防、临证治疗和食疗养生等。

---

① 潘吉星．中外科学技术史交流史论［M］．北京：中国社会科学出版社，2012：125-126；

② 同潘吉星：133；同路甬祥：208.

③ 本节主要参考文献为：中国科学院自然科学史研究所．中国古代重要科技发明创造［M］．北京：科学普及出版社，2016：30-31，110-111；廖育群，傅芳，郑金生等．中国科学技术史（医学卷）［M］．北京：科学出版社，1998；路甬祥．走进殿堂的中国古代科技史（中）［M］．上海：上海交通大学出版社，2009；陈邦贤．中国医学史［M］．上海：上海书店出版社，1984；刘敦愿．汉画象石上的针灸图［J］．文物，1972（6）.

一、中药

关于中药的起源，在中国有个美丽的传说，那就是神农“尝百草，始有医药”。托“神农”之名撰成的《神农本草经》是中国现存最早的药学著作，大约成书于东汉时期，书中收药物约365种，记述药物的名称、性味、主治、产地、别名等。它提出的君臣佐使、四气五味、七情合和、阴阳配合等药学理论奠定了中医药物学的基础理论。南朝梁代陶弘景编著《本草经集注》，共7卷，载药730多种，在分类学上较《神农本草经》有了巨大的进步。唐高宗显庆二年至四年（657–659年）苏敬等人奉敕编修的《新修本草》，也称《唐本草》，是中国历史上第一部官修本草学著作和国家颁布的药典。它首次增加了药图和图经，成为后世本草学编撰的模本。北宋神宗元丰年间，民间医学家唐慎微所著的《经史证类备急本草》，首开本草附方的先河。明代医药学家李时珍在多年的苦读与行医后，结合自己的实地考察，参阅历代本草，撰成《本草纲目》。此书对后世影响极大，被英国生物学家、进化论的奠基人达尔文誉为“东方药物巨典”。

不少药物需经过特殊加工处理，才能更符合治疗需求，并且炮制的过程会消除或降低有毒药物的毒性。另外，炮制也利于药物的储存和进一步制剂。在汉代的《神农本草经》、《伤寒论》和《金匮要略》等书中已有蒸、炒、炙、炼、煮沸、火熬、酒浸等炮制方法，并形成了相应的炮制理论。南北朝时代，药学家雷敩（音同“效”）对药物炮制技术进行了系统的总结，著成《雷公炮炙论》一书，后被奉为药物炮制的祖师。明代时，无论是药物炮制理论还是炮制方法，都趋于完善。

用药方面形成了固定的药物组合配比，是为方剂。方剂的组成原则和配伍是按《黄帝内经》提出的“君、臣、佐、使”理论，选择合适的药物配制而成，并按药味、药量和剂型增减变化。方剂的传统剂型有汤剂、丸剂、散剂、膏剂、丹剂、锭剂、酒剂、条剂、线剂和栓剂等。方剂作为一门学问形成于先秦至两汉时期，并在魏晋南北朝至隋唐时期获得重要发展。东汉末年，被后人尊称为“医圣”的张仲景撰写的《伤寒杂病论》被誉为中国的“方书之祖”。唐代医药学家孙思邈撰写《备急千金要方》载方5300余首，《千金翼方》载方2200余首，并多有创新，为现存“中国最早的临床百科全书”。宋代至明清时期，方剂学的发展更加繁盛。宋王朝设立太医局卖药所，官修中国历史上第一部由政府编撰的成药药典《太平惠民和剂局方》。明代藩王朱橚编修的《普济方》，载方61739首，是中国历史上最大的方剂学著作。

中药的作用是在长期以来的疾病治疗中体现出来的，很多都以大量的临床经验为基础。因此，中药已经成为现代植物提取用药筛选的一个宝库。

二、针灸

针灸术是中国传统医学的重要部分。事实上，针灸包括针刺和灸灼两种看似毫无关联的疗法。所谓针刺，就是通过一定的操作，将细长尖锐的针，刺入人体的一些特定部位，从而达到疾病治疗的部分。针刺法的形成，也是源于早期生活的经验积累。在针刺疗法萌芽阶段，使用的工具多是石针。

相传伏羲还是针刺技术的鼻祖，制造了九种大小不同、形状各异的针刺工具，是为“九针”。《黄帝内经》中就有关于“九针”的记载。河北满城西汉墓出土了九根针具，这以实物展现了汉代针刺术的发展水平。早期的“九针”并不全是用于针刺，其中部分属于外科工具。针刺手法因进针时捻转针身的轻重快慢等有所差异，不同的针刺手法会有不同的治疗效果。现在所谓针感，即古代的“气至”，是针刺工具刺入一定深度后，使针刺部位获得的一定感应，获得“气至”后，往往能得到较好的疗效。西晋医学家、史学家皇甫谧撰《针灸甲乙经》，原名《黄帝三部针灸甲乙经》，是中国现存最早的一部针灸学书籍，也是最早将针灸学理论与腧穴穴位相结合的一部著作。全书将经穴增加到 349 个，确立了后世穴位排列的基本规则，在临床上产生了深远的影响。

灸，就是将艾绒揉成小团，点燃后靠近人体表面的某些特定部位，施行热熨或者温熏，从而达到治疗疾病的目的。起初艾灸的方法都是采用直接灸法。由艾绒做成的圆锥形艾炷，小者如米粒，大者如蚕豆。如果直接将艾炷放在皮肤上点燃，就是直接灸。古人还创造了隔物灸，也就是在艾炷和灸灼部位之间衬隔一些物体，如生姜片、蒜片等，这样不仅减轻对皮肤的灼伤，同时这些衬隔物还能发挥它们自身作用，可增强灸疗的效果。“针”与“灸”这两种治疗方法都根据“经络学说”确定治疗部位，并且可相互配合使用，以增强疗效。

经络是指联系全身、运行气血的通路，它们纵横于人体内，组成了一个有机联系的系统。经络系统可分为经脉、经别、络脉、奇经八脉、经筋、皮部等。经脉是指人体中的主要通路，贯通身体上下，交联内外；经别，就是经脉的主要分支，起到加强经脉和所系脏腑以及经脉之间联系的作用；络脉，则是更次一级的经脉分支，遍布全身。经络体系中，腧穴（俗称穴位）沟通着体表与体内脏腑的联系，是人体脏腑经络之气输注于体表的“反应点”。内在脏腑气血的病理变化可以通过体表相应穴位的异常反应表现出来，故而利用穴位的反应可以帮助诊断疾病。更重要的是，通过针灸刺激相应的穴位，可以疏通经络，调节相应脏腑的气血，达到疾病治疗的目的。

《黄帝内经》中对经络、穴位、针刺用具和针刺方法等均有详细的记录，是针灸术的一次总结。后来，晋代的皇甫谧在《内经》基础之上，增加了三百多个针灸穴位，并按照人体不同部位和经络，比较

仿宋针灸铜人（明代）

系统的记载了各个穴位的治疗作用。到北宋时，翰林医官王惟一奉皇帝之命考证以前的针灸著作，编成《新铸铜人腧穴针灸图经》，详细记述了针灸穴位、经络、针刺的深浅和功能，经过订正后收载腧穴657穴。他还制作了两具“针灸铜人”，用于针灸教学。铜人高度接近成年人，躯壳前后可拆分，内有铜铸的脏器，体表有相应经脉和穴位孔，孔内注水，表面用黄蜡涂封。当学生刺中穴位，孔内的水就会流出，以此来判断针灸位置是否准确。到明代时，杨继洲所撰的《针灸大成》汇集了前人的针灸著作，总结了临床经验，成为后世学习针灸的重要参考书。

在公元6世纪时，针灸术就传到了朝鲜、日本等国。随着中外文化交流的不断深入，针灸也更广泛地传播到各地。2010年11月，针灸已经被联合国教科文组织列入非物质文化遗产名录，这种充满传奇与神秘的毫针和艾叶逐渐更为世界所了解。

总之，中医药具有浓厚的中国文化特质和自身完整的知识体系与技艺。在经历了数千年的发展和近代西方科学传入的冲击，中医药仍具有生命力。

第二章

西学东渐

自16世纪末欧洲传教士来华到新中国成立，大致有三次比较集中的西学东渐潮：第一次在明末清初，耶稣会士及其中国合作者向中国传播科学技术；第二次是在鸦片战争之后，洋务派在自强运动中引进西方船炮制造技术及其他相关技术，并带动了科学知识的传播；第三次是20世纪上半叶科学技术教育与科学研究的建制化。

第一节 熔彼方之材质

16 世纪下半叶，欧洲传教士开始进入中国内陆进行传教活动，采取了以“合儒”传播科学知识和技术辅助传教的策略，开启了一次空前的西学东渐。他们向中国成规模地传播天文学、数学、力学和地理学等知识及火器、仪器和钟表等技术，服务于朝廷制订历法和制造火器等事业，为在华立足和传播天主教创造了机会和有利条件。同时，传教士也向欧洲介绍中国的文化和科技。部分中国学者与传教士合作，在传播科学技术过程中也发挥了重要作用。

一、《几何原本》的译介

16–17 世纪，欧洲正在经历着社会、文化与科学的变革，进入了史称的“科学革命”时期。这时，欧洲加紧了向东亚的经济和文化扩张，在欧洲的科学教育和研究中占有重要地位的耶稣会向中国派遣了传教士。利玛窦（Matteo Ricci）为代表的耶稣会士所传播的部分知识不仅是明末社会所急需，也在学理上得到了一些中国学者的认同。

数学为西学东渐的过程中最为活跃的学科。一批西方数学著作被译成中文，一些中国学者和数学家致力于西方数学著作的翻译、传播及欧洲数学与中国传统数学知识的会通与比较。而《几何原本》即是传播的代表性著作。

《几何原本》为古希腊数学著作《原本》（*The Elements*）的中译名称。该书为数学家欧几里得所撰的数学著作，内容涵盖欧氏几何学和古希腊数论的基础内容。该书的公理化体系为古希腊数学演绎体系的典范，对后世的数学发展，甚至近代科学的逻辑体系的发展都产生了重大且深远的影响。16 世纪以后，以柏拉图和毕达哥拉斯为代表的数学学派开始在欧洲科学和学术界产生重大影响。这也是所谓“科学革命”的一个重要源泉。《几何原本》全书也开始进入欧洲学校的课程。1607 年，来华耶稣会士利玛窦与中国学者徐光启共同完成了《原本》前六卷的中译本，并定名《几何原本》。到 1852 年，李善兰[①]开始与伟烈亚力合译《几何原本》后九卷，于 1857 年出版。1865 年曾国藩将其与利玛窦、徐光启合译的前 6 卷一起刊刻，《原本》终于有了完整的中译本。

《几何原本》具有严谨的逻辑体系，且每个命题均有严格的证明。这一特点虽然与以《九章算术》为代表的中国传统数学著作以算题及其解答和方法阐释的著作模式截然不同，但却与宋代以降理学家追寻“所以然”的治学取向一致，所以受到了以徐光启为代表的中国学者的推崇。事实上，明代已有学者对中国传统数学著作中，不含对算理的阐释及“九章”的分类法并非基于数学内在逻辑，而是以数学的功用为基础等问题提出批评。[②]徐光启称：“此书有四不必：不必疑，不必揣，不必试，不必改。有四不可得：欲脱之不可得，欲驳之不可得，欲前后更置之不可得”。[③]此点也得到了后世学者和数学家的认同。至 18 世纪，在中国传统数学已得到全面复兴之时，中国数学家对《几何原本》仍极为推崇。徐光启甚至曾试图以《几何原本》中的数学体系来重构中国传统数学中的相关内容。这一作法虽然没有得到中国数学家的普遍响应，但《几何原本》中以“度”与“数”，即“几何”与“算数”划分数学的内容及数学著作中需要包含数学证明等思想，在明清两代产生了很大的影响。清初数学家方中通、杜知耕、梅文鼎等人都曾尝

① 李善兰：中国近代著名的数学家、天文学家、力学和植物学家，创立了二次平方根的幂级数展开式。

② 田森. 中国数学的西化历程［M］. 济南：山东教育出版社，2005：5-7.

③（明）徐光启. 几何原本 · 几何原本杂议［M］. 天学初函本.

试以该体系重新整理中国传统数学的“九章”体系，且清代数学著作中普遍含有对数学命题的正确性的证明，或阐释的著述方式都在一定程度上受到了《几何原本》的影响。

徐光启与利玛窦翻译《几何原本》的另一个初衷是，借助读者对《几何原本》的严密的逻辑体系类推传教士，尤其是利玛窦，所翻译和介绍的所有的知识，包括天主教教义，都是确定无疑的知识，以利于传教及提升天主教传教士的地位。对此点，中国学者并不认同。方以智（1611–1671）称西方人长于“质测”而拙于“通机”，[①] 对西方传入的具体的实践性知识和哲学与宗教知识加以区分。此为明清两代中国学者普遍观点，也是政府的正统观点。

早期西学东渐中的《几何原本》等欧洲数学知识的传播主要表现在三个方面，一是西方数学知识在中国的传播和研究，二是中国数学家对西方数学研究内容的认识和态度的转化与发展，三是传入的内容对中国原有的研究方法和思维模式的影响。《几何原本》传入了与中国传统数学体系相异的新体系，但却迅速被一些中国学者所认同和传播。此后，无论中国学者对传入的西学和中国固有知识的态度如何，他们都受到了这两个传统的深刻影响。

在西学东渐的过程中，数学与天文为两个重要学科，且互相影响。下面我们将把目光转向欧洲天文学在中国的传播。

二、天文学变革

天文学在中国古代社会中占有特殊的地位。皇帝被视为天子，秉承着天意，拥有统治天下的权力。历代统治者都制订历法，利用占星学来解释所谓的“天意”。明朝建立之后实行的《大统历》，其实就是

---

①（明）方以智．物理小识［M］．宁静堂刻本，1884.

元代郭守敬制定的《授时历》，只做了简单的修订。尽管《授时历》是一部很好的历法，但到了明末，由于误差的积累，日食、月食的推算屡屡与天象不符。比如1592年的一次月食，钦天监（朝廷的天文历法机构）的推算竟然差了几刻。1610年的一次日食在初亏、食甚及复圆时间的推算均出现大的误差。当时朝野改历呼声渐强，但未能奏效。1629年日食预报再次失验，崇祯皇帝大动肝火，认为重大天象关乎社稷，推算屡屡出错，有失国体。此时，礼部侍郎徐光启依据西法推算完全准确，这为传教士参与改进历法带来了机会。

1629年7月，徐光启受命领衔改历。他提出的改历思路是“熔彼方之材质，入大统之型模”。这里“彼方之材质”，是指欧洲天文学的知识和方法；而“大统之型模”指的是以《大统历》为代表的中国传统历法的基本体例等。徐光启选用了邓玉函（Johannes Schreck Terrentius）、龙华民（Niccolò Longobardi）、汤若望（Johann Adam Schall von Bell）和罗雅谷（Giacomo Rho）等耶稣会传教士承担新历法的制订工作。《崇祯历书》完成于1630年代，从崇祯四年（1631年）正月起至崇祯七年（1634年）十一月分五次，徐光启及其继任者李天经共进呈了137卷有关历法的天文和数学书籍，也就是《崇祯历书》。这部历书是中国天文学从传统体系转向欧洲体系的主要标志。其特点有：第一，采用丹麦天文学家第谷的宇宙体系，地球处在宇宙的中心，太阳和恒星围绕地球运转，而五大行星围绕太阳运转；第二，引进地球经度、纬度的概念以及相关测算方法，提高了日食、月食的推算精度；第三，引进平面和球面三角学，分周天为360度。[1]

《崇祯历书》还未颁行，清军就在1644年攻入北京了。清朝摄政

① 杜升云，陈久金. 天文历数［M］. 济南：山东科学技术出版社，1992：346-347.

王多尔衮允许汤若望等传教士继续住在北京内城。汤若望等人很快将《崇祯历书》改编为 103 卷的《西洋新法历书》，献给治帝。此时清朝也迫切需要一部历法以示正统，因此又将之更名为《时宪历》，于 1645 年颁行。汤若望以“掌印”、“修政历法管监正事”的身份领导钦天监。1661 年重用汤若望的顺治帝驾崩。三年后，守旧人士杨光先诬告汤若望及其助手南怀仁（Ferdinand Verbiest）等传教士图谋不轨，汤、南等人遭审讯并入狱。1665 年他们被赦出狱，汤若望于次年 7 月故于寓所。杨光先等守旧学者把持钦天监，却不能胜任历法测算工作。

1668 年 12 月，南怀仁奏报吴明烜所推算的七政历、民历有严重错误。年轻的康熙帝令大臣会同杨光先、南怀仁等共同以实测来验证历法。1668 年 12 月底和 1669 年 2 月的实际观测验证了南怀仁按照西法所做的推算与观测结果一致，而杨光先等人所做推算与实测不符。这使南怀仁赢得了康熙帝的信任，为传教士的命运带来转机。礼部建议授南怀仁钦天监监正，但他推辞不就。4 月康熙帝下旨任命南怀仁负责“治理历法”。为了适应欧洲历法所用的算法和刻度系统，南怀仁建议制造欧洲式的仪器，得到朝廷的支持。到 1674 年 1 月底之前，南怀仁主持制成了六架天文仪器，即黄道经纬仪、赤道经纬仪、地平经仪、地平纬仪、纪限仪和天体仪，装备了北京观象台。[①] 这套古典仪器将欧洲天文学家第谷的设计与中国的铸造工艺相结合，支撑结构采用中国传统仪器中的龙形造型。

---

① 张柏春. 明清测天仪器之欧化：十七、十八世纪传入中国的欧洲天文仪器技术及其历史地位［M］. 沈阳：辽宁教育出版社，2000：167.

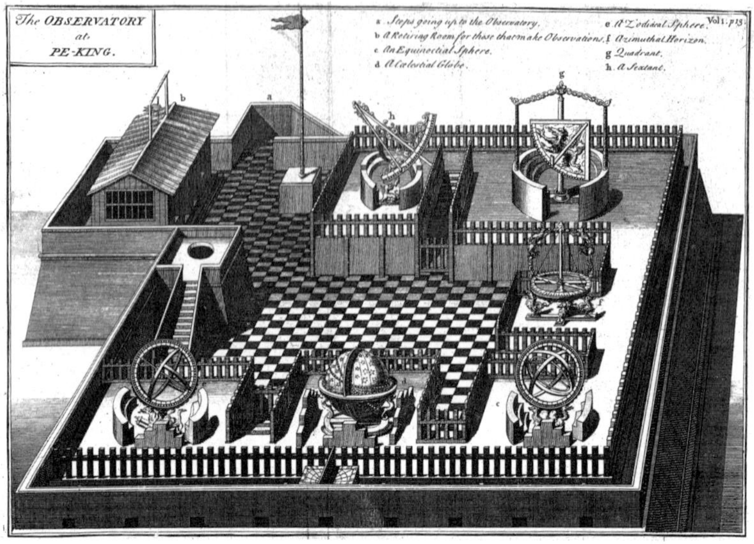

康熙年间的古观象台版画

三、东学西渐①

“东学西渐”是与“西学东渐”相反的知识交流，这里主要描述传教士通过著述和书信等方式将中国科学知识和技术介绍给欧洲人的情况。

西班牙人门多萨（Mendoca）根据几位到过中国的传教士的资料，写成《中华大帝国志》。这部书出版于1585年，其中提到中国的火炮、船舶、龙骨水车等。特别是提到了印刷术起源于中国，因为在欧洲众所周知是德国人约翰·古腾堡在1458年发明了铅活字，而在此之前500年中国已经发明了活字印刷。

意大利人利玛窦在中国传教的同时，也写有一本《利玛窦中国札记》，谈到了中国的天文学、数学、造纸、印刷等方面，比如谈到印刷术时写道：

---

① 这部分内容思路、框架主要参考于：韩琦. 中国科学技术的西传及其影响（1582-1793）［M］. 石家庄：河北人民出版社，1999.

“中国字的数目极多，不能用西方的办法，不过现在也采用一种拼凑法（注：活字印刷术）。他们最流行的办法，是取一梨木或者苹果树木板，或枣树木板，因为光滑无节，把要刻的字或画反贴在上面。然后细心把纸拿开，留在木板上的只有字迹。最后用刻刀把字里和字外的地方挖深，只让字迹或画迹凸出。用这样的木板想印多少张就印多少张。这种办法为中国字相当容易，因为常比我们的字大；西方文字用这种办法就不容易了。”

17–18 世纪是东西方科学与文化交流的重要时期，法国与中国的交流就很有代表性。早期法国耶稣会士洪若翰、白晋、张诚、李明、刘应在中国的科学考察活动，相当于法国皇家科学院在中国设立的分支机构。他们给法国科学家发回了大量科学报告，影响了法国启蒙运动思想家对中国的认识。

18 世纪法国耶稣会士在中国的科学活动，主要包括天文、气象观测、地理考察，以及动物、植物、药物、矿物、中医的研究。比如有一本书《北京传教士撰写的关于中国人的历史、科学、艺术、道德、习俗等的论丛》，其中科学的内容非常丰富。例如江宁府、开封府的气象和天文观测，涉及了干旱、霜降、地震、饥荒、长江的泛滥等自然灾害及气象活动。这些资料在中国的正史和方志中多有记载，但是西方并没这样的传统，大概是来华的传教士觉得有必要让西方了解中国这方面的情况，所以写入了这些内容。其中一位还把康熙帝的《几暇格物编》做了节译。

欧洲博物学家也来到中国，做了对动植物的考察。以植物为例，他们把中国的珍稀植物好种子带到欧洲，进行栽培和驯化。来华传教士与英国皇家学会、法国皇家科学院、俄国圣彼得堡科学院保持着密切联系。他们也在中国进行植物考察，不仅寄送植物本身，更多的是寄送种子，因为种子更容易保存和运输。由中国人参而引发的西洋参的发现便是其中一个例子。

人参，在中国民间被认为是灵丹妙药，其实真相远非如此。在中国早期的本草著作中，人参是一种很普通的保健药物，只是到了明代李时珍在《本草纲目》中才把它夸张地描写成“能治男女一切虚症”的神药，从此身价大增。法国传教士杜德美发现中国许多药学典籍对人参功效的记载，并亲自体验。1708 年，他在东北长白山一带绘制地图时，在一个村子里第一次见到当地人采集的新鲜人参，依照原样绘了图。1711 年 4 月 12 日，在给法国教会的信中，他详细介绍了人参的产地、形态、生长状态和采集方法，并附上其绘制的人参图。其中写道：

> “中国许多最好的名医都整本整本地写了许多关于神奇的植物‘人参’秉性的书。几乎在所有他们为大老爷们开的药方中都加入了人参。……如果人参没有如此经久不衰的好效应，不可想象汉人和满人还会如此重视这种草根。有的人身体本来很好，为了更加强健，仍经常服用人参滋补身体。”

在信中，杜德美还推测在地理位置相似的别的地方也可能找到人参：位于北纬 39–47 度，东经 10–20 度之间（以北京子午线为基准）。他明确指出是加拿大魁北克一带，因为那里的地理环境与长白山类似。杜德美的这封信，后被刊登在《耶稣会士书信集》中，不久被译成英文，刊登在皇家学会的《哲学汇刊》上。

1716 年，一位在加拿大魁北克传教的法国传教士拉菲托，因为之前在上述书信集中读过杜德美的这封信，所以就拿了绘图向当地人询问，果不其然，发现了形态上与人参一样的“西洋参”——当地称为“嘎兰特区恩”的草药。当地印第安部落主要用这种草药治疗头痛、创伤及不孕症。拉菲托很快把这个消息传到法国，法国商人认为这是一个可以从中国人手中牟利的好机会，于是在北美大量收购西洋参，那里兴起了一股“西洋参热”。由于西洋参的贸易是间接的，以至于18世纪中国的许多医书误认为它们产自法国。[①]

从上面的故事可以得出，西洋参在西方的发现和重视，正是源于中国人参知识的西传。下面再谈一个人痘接种术的西传以及对牛痘接种术的影响。

提到人痘接种术，不得不提“天花”。1979年10月26日，世界卫生组织在肯尼亚的内毕罗宣布，全世界已经消灭了天花病毒，这是最早被彻底消灭的人类传染病。天花是由天花病毒感染后的一种传染性强、死亡率很高的传染病。由于疹点色鲜艳如花，故称天花；又因为疹形圆似痘，也称为痘疮。

明代之前，中国对这种传染病一直没有有效的防治办法。到了明代隆庆年间（1567–1572），安徽太平县天花流行，当地医生发明了人痘接种法，主要有四种：（1）痘衣法：把天花患者的衬衣，留给被接种的人穿用，使受感染。（2）痘浆法：是用蘸有疮浆的棉花塞入被接种人的鼻孔里，使受感染。（3）旱苗法：用光圆红润的痘痂阴干研细，用小管吹入被接种的儿童的鼻孔里。（4）水苗法：先用水把研成粉末状的痘痂调匀后，再用棉花蘸了塞入被接种者的鼻孔里。在不断的实践过程中，人们逐渐意识到若改用经过接种多次的痘痂作疫苗，要安全得多。这种对人痘苗的选育方法，完全符合现代制备疫苗的科学原理。[②]

---

① 曾雄生，陈沐，杜新豪．中国农业与世界的对话［M］．贵阳：贵州民族出版社，2013：144-147.

② 杜石然，范楚玉，等．中国科学技术史稿（下册）［M］．北京：科学出版社，1982：165.

1700 年，英国著名医生、皇家学会会员马丁 · 李斯特（Martin Lister）收到一封 1 月 5 日从中国寄来的信。寄信人是在中国做生意的英国东印度公司的商人，他报告了在中国看到的“传种天花的方法”：“打开天花患者的小脓包，用棉花吸沾一点脓液，并使之干燥……然后放入可能患天花人的鼻子里。”巧合的是，英国皇家学会图书馆记载着 1 月 14 日哈维斯（Clopton Harvers）医生在皇家学会的一个报告，介绍人痘接种预防天花是“中国人的实践”。由于 5 日和 14 日相差如此之近，李斯特不可能收到那封来自中国的信。因此，这说明了中国人痘接种的知识至晚于 1700 年已经传到英国，并为上流社会所知。①

后来在英国最早亲自参与并积极推动人痘接种实践的是蒙塔古夫人（蒙塔古是当时英国驻土耳其的公使）。1717 年，她给朋友的信中表示将把这种（中国通过俄国传至土耳其）种痘术传回英国，并在 1718 年 3 月给到使馆访问的英国外科医生梅特兰（Charles Maitland）6 岁的儿子进行了人痘接种。之后，梅特兰在英国为推动人痘接种扮演了积极角色。1721 年，英伦三岛的天花病肆虐，多例人痘接种手术在英国获得成功，产生了很大影响。1722 年 4 月，威尔士王子的两个女儿进行了人痘接种，获得成功。该事件引发了舆论广泛关注，推动了人痘接种从上流社会走向普通公众。有资料显示，在英、美等国人痘接种的 897 人中，只有 17 人因接种而死亡，远远低于天花患者的死亡比例。

人痘接种术开创了预防天花的方法，更重要的是为 1796 年英国医生琴纳（Edward Jenner）发明更高效的牛痘法扫清了伦理学障碍。

---

① 张大庆. 医学史十五讲［M］. 北京：北京大学出版社，2007：144-145.

第二节　师夷之长技

19 世纪中叶，受鸦片战争失败的刺激，清朝的开明人士掀起了兴办“洋务”的自强运动，直到 1894 年以中日甲午战争而告终。所谓“洋务”，除了对外交涉的内容外，主要包括练新军、购置西洋船炮，兴办厂矿、修铁路、用电报、炼钢铁、办学堂等。在自强运动中，西方的枪炮、蒸汽机、轮船、火车、机床、纺织机械、电报等相关技术相继传入中国，有些科学知识也被译介给中国读者。

一、江南机器制造局

1865 年，李鸿章会同曾国藩奏设机器制造局，并委派丁日昌筹办。6 月，丁日昌购买上海的一家美商办的铁厂，并入原先办的两个洋炮局，创办了江南机器制造总局（以下简称“江南制造局”）。这家清政府开设的最大军事企业是自强运动（又称洋务运动）的标志性产物。江南制造局以制造军火和轮船为主，在清朝官办企业中率先采用蒸汽机和机床等机器设备。提起自强运动，还得从鸦片战争谈起。

在 1830 年之前，英国从中国进口大量的丝、茶等产品，但没有向中国输入产品以抵消其巨大的贸易逆差。为扭转这一局面，从 19 世纪初开始，英国商人便向中国大量倾销鸦片，从早期的每年 4000 箱到 1838 年后的每年 4 万多箱。鸦片走私摧残了吸食者的身心，还使白银大量外流，严重损害清朝的经济利益。1838 年，林则徐被朝廷任命为钦差大臣，赴广东查禁鸦片。1839 年 6 月，林则徐在广东虎门公开集中销毁 230 多万斤鸦片。禁烟运动打击了英商的在华利益，成为英国政府发动对华战争的借口。[①] 清朝战败，于 1842 年被迫与英国签订《南

① 费正清. 费正清中国史［M］. 张沛，等译. 长春：吉林出版集团有限责任公司，2015：272.

京条约》，割让香港给英国，赔偿2100万两白银，并开放通商口岸。很快，美国、法国、葡萄牙、西班牙等列强也纷纷与清朝签署不平等条约。1856年，英法两国又挑起战事。清朝再次战败，于1860年被迫签订《北京条约》。

面对来自西方的挑战，少数对国外新事物敏锐之士积极了解西洋的地理和船炮知识。学者魏源编写《海国图志》，这部世界地理书在1847年增订到100卷。他在序言中明确提出“师夷之长技以制夷”。不过，这样的主张未能打动朝廷。促使清朝学习西洋军事技术的一个重要诱因是洪秀全领导的太平天国运动席卷十多个省，对满清统治构成严重威胁。1961年1月5日两江总督曾国藩上奏，主张“将来师夷智以造炮制船，尤可期永远之利”[①]。这正与支持新成立的总理各国事务衙门的恭亲王奕䜣等人的想法一致。后来，李鸿章、左宗棠等洋务派官员纷纷倡议类似观点，拉开自强运动的序幕。从1861年到1894年，除了对外交涉外，自强运动还有练新军、购置洋枪洋炮和兵船等武器，兴办二十几个兵工厂以及开矿山、修铁路、用电报、办学堂等。

这里不得不提一个人——容闳，他于1854年在美国耶鲁大学获得文学学士学位，第二年回国。1863年经人推荐，容闳成为曾国藩的幕僚。同年11月，他得知曾国藩有意建西式机器厂，就根据自己留学美国的经验，建议购买“制造机器之机器”。不久，容闳受曾国藩指派，出国购买机器。1865年容闳从美国购买的100台机器运抵上海，装备了江南制造局。这家官办企业主要生产枪炮、弹药、水雷、轮船等产品，1868年8月造成392马力的“恬吉”号轮船。为了满足自身生产需求，它还制造了车床、刨床、钻床、锯床、蒸汽机、起重机、抽水机等机器设备，但重要的原材料和零部件依靠进口。江南制造局的兵

---

① 齐思和整理. 筹办夷务始末（道光朝八）[M]. 北京：中华书局，1979：2669.

器生产总体上落后于欧美，比如 1874 年之前生产的枪大部分是前膛枪，而欧美在 1860 年之后已经盛行后膛枪。①

科技图书翻译是江南制造局的一类重要副产品。1868 年制造局附设翻译官，聘徐寿、华蘅芳、徐建寅、傅兰雅（John Fryer）、伟烈亚力（Alexander Wylie）等人合作翻译《汽机发轫》等“有裨制造之书”。实际上，翻译馆译书范围超出兵器与轮船的制造技术，所译书籍涉及数学、天文学、物理学、化学、地质学、测绘、航海、矿冶、机械、化工、医学等学科门类，翻译馆的工作离“有裨制造”的初衷有不小距离，但在传播科学技术知识方面发挥了重要作用。

二、福州船政局与船政学堂

福州船政局是以建造军舰为主要使命的专业造船厂，所附设的船政学堂是中国首家海军技术学校。1866 年 6 月，左宗棠奏请设厂造船。7 月朝廷批准在福州设厂造船之后，左宗棠与法国人德克碑（Neveue Paul Alexandre D’Aiguebelle）和日意格（Prosper Marie Giguel）商讨了建厂计划。1866 年 12 月，船政局在福州以东四十华里的马尾破土动工。在动工之前，左宗棠被调任陕甘总督。通过他的举荐，林则徐的女婿沈葆桢担任船政大臣，主持船政局事务。日意格和德克碑被聘为正、副监督，在兴建船厂、造船、造机器、建铁厂、办学堂、训练兵船制造和驾驶人才、选用外国技术人员等方面担当了重要角色。②

与江南制造局设翻译馆不同，福州船政局附设船政学堂。1866 年冬就设立“求是堂艺局”招收学员。第二年冬，学堂在马尾建成校舍，分设有前学堂和后学堂。前学堂培养造船人才，教授法文和造船需要

① 王宪明，蔡乐苏. 中国近现代史述要［M］. 北京：清华大学出版社，2008：35.
② 沈传经. 福州船政局［J］. 成都：四川人民出版社，1983：53.

的数学、物理学、机械学等课程。后学堂培养船舶驾驶人才，教授英文和驾驶需要的数学、航海理论、航海天文和地理等课程。学员多为13–18岁、资质聪颖、精通文义的少年。第一批学员是由沈葆桢亲自甄别选定的，其中有后来成名的严复、林泰曾、刘步蟾等。严复在1877年赴英国格林威治海军学院学习，后来曾任北洋水师学堂总办，翻译了赫胥黎的《天演论》。林泰曾和刘步蟾也曾留学英国，学成后分别任北洋水师的“镇远”舰管带和“定远”舰管带。

从1866年到1874年，福州船政局建造兵船15艘，培养了一批造船和驾驶方面的人才。1872年下水的“扬武”号巡洋舰，250马力，装有13门火炮，航速12节，成为福建水师的旗舰。1874年，日意格、德克碑与船政局的合同期满，卸任回国。船政局开始了自营时期，直到1897年5名新的法国技术人员到厂任职。从1877年至1887年，船政局制造了9艘铁胁木壳舰船。1877年5月，第一艘铁胁木壳炮舰“威远”号下水，排水量1268吨，750马力，装炮7门。就在1877年前后，船政局在资金方面出现了问题，主要是福建海关长期拖欠船政运行经费，导致了生产的衰落。①实际上，福州船政局未能肩负起装备清朝海军主力的重任，最有实力的北洋水师的主力战舰都是从欧洲进口的。

1894年，中日战争爆发。北洋水师在战舰的装甲、吨位和火炮口径等方面占有优势，但在多种因素的作用下败于日本海军。北洋水师的全军覆没标志自强运动在“中学为体、西学为用”思想框架内的自强运动走到了尽头。

---

① 艾尔曼. 科学在中国（1550-1900）[M]. 原祖杰，等译. 北京：中国人民大学出版社，2016：468.

第三节　现代科学的奠基

甲午战争之后，先后有天津中西学堂和京师大学堂问世。20世纪初教育和科技领域发生了一些重要变革事件。在启动学制改革之后，清廷于1905年诏准废科举。1913年，工商部设立地质调查所，而詹天佑创立中华工程师会。1914年留美中国青年学者在康奈尔大学创立中国科学社。1928年国民政府建立中央研究院，第二年设北平研究院。中央研究院等科研机构的诞生标志着现代科学在中国的建制化，为后世科研事业的发展奠定了基础。

一、学制改革

所谓“学制改革”，主要是指1904年1月清政府颁布的《奏定学堂章程》。它是中国传统教育向现代教育转变的重大事件，标志着新式教育制度的肇建，为科学技术教育的兴起创造了制度条件。

为了办理对外交涉，清政府在1861年1月设立总理各国事务衙门，又于1862年6月成立京师同文馆，第一年开办英文馆，第二年开设了法文馆和俄文馆，每年各馆各招收10名。随着自强运动的开展，恭亲王奕䜣希望京师同文馆开设一些天文、算学课程。类似的官方学校还有1863年创办的上海同文馆和1864年的广东同文馆。这些学堂对传播西学具有一定的示范作用。不过，洋务派重臣盛宣怀认为同文馆这样的学校浅尝辄止、难成大气候。他在1895年奏《拟设天津中西学堂章程禀》，获准后在天津创办中国第一所近代大学——中西学学堂（天津大学的前身）。该校以美国的大学学制为蓝本，设法律、矿冶、机械和土木等科，学制四年。

光绪帝采纳康有为、梁启超维新派的主张，于1898年6月宣布维新变法，7 月 3 日批准建立京师大学堂。梁启超起草《京师大学堂章程》，强调中西学并重会通，要求各省学堂皆归大学堂统辖，这样大学堂既是全国最高学府，又扮演教育行政机关的角色。[①] 虽然百日维新变法失败了，但京师大学堂保留下来了。1902 年，清政府管学大臣张百熙参照日本学制制定了《钦定学堂章程》，规定了从小学、中学到大学的三阶段学制，同时发展实业教育与师资教育。到 1904 年 1 月，张百熙联合张之洞等人，又制定了《奏定学堂章程》。该章程是对《钦定学堂章程》的发展，它的颁行为建立新学制奠定了制度基础。尽管清政府仍坚持"中学为体，西学为用"，但是新学制加速了旧教育体制的崩溃。[②] 在张之洞、刘坤一等人的推动下，清政府在 1905 年宣布废止科举制度。

二、中国工程师学会与中国科学社 [③]

随着兵工、造船、铁路和矿冶等近代工业的发展及科学教育的兴起，新型的工程师和科学家成为重要的社会角色，科学技术共同体在中国应运而生。其标志是中国工程师学会和中国科学社的创办。

在李鸿章、曾国藩、容闳等人的努力下，清政府在 1872 至 1875 年间选派幼童出国留学，前后四批，共 120 名学生到美国学习。后来，朝廷认为这些学生离经叛道，因此在 1881 年决定将他们全部撤回，使这个留学半途而废。詹天佑为首批留美幼童，有幸毕业于耶鲁大学，获得土木工程学士学位。回国后，他主持修筑了京张铁路（1909 年完成），成为当时最有成就和威望的中国工程师。1912 年，他在广州主办粤汉铁路时，召集同道，成立了广东中华工程师会，并当选首任会长。

① 李华兴. 民国教育史［M］. 上海：上海教育出版社，1997：52.

② 同李华兴：96.

③ 除标注外，本节工程师学会部分参考了：邹乐华. 近代化进程中的中国工程师学会研究［D］. 上海交通大学，2014.

同年，颜德庆等在上海成立中华工学会，徐文炯联络一批铁路工程人员成立路工同人共济会，两会均推举詹天佑为名誉会长。詹天佑得知两会成立消息后，倡议三个组织合并为中华工程师会，此议得到颜、徐的响应。1913 年 8 月，中华工程师会（1915 年易名为“中华工程师学会”）在汉口成立，詹天佑当选为会长，颜、徐为副会长，当时共有会员 148 人。[①] 学会创办了会刊《中华工程师会报》，主要发表学术研究成果、试验研究报告及国内外动态等。1919 年詹天佑去世，之后学会活动受到严重影响。

詹天佑身着官服照

留学生在海外也相互联络，成立学术团体。留学美国的中国学者于 1917 年发起成立中国工程学会，1918 年 4 月在纽约正式成立学会，陈体诚当选为会长，侯德榜等六人成为董事，发起会员有 84 名。随着创立者回国，中国工程学会也迁回国内。1925 年，学会创办会刊《工程》。尽管该学会成立晚，但名声日隆。1931 年 8 月，中国工程学会和中华工程师学会在南京举行联合年会，决定合并为中国工程师学会（总会设在南京），选举韦以黻为会长、胡庶华为副会长。合并后的学会成为国内唯一的综合性工程学术团体，会员稳步上升，到 1937 年抗战前夕已有会员 3000 多名。抗战期间，中国工程师学会积极服务于战时国防与经济建设。

中国工程师学会是国内唯一的综合性工程科学学术团体，而自然

① 房正. 近代工程师群体的“民间领袖”——中国工程师学会研究（1912-1950）[M]. 北京：经济日报出版社，2014：43.

科学界最大学术团体则是在美国成立的中国科学社。1914 年 6 月，留学康奈尔大学的中国学生商定以科学社（Science Society）名义发起创办《科学》月刊。[①]

当年 8 月，科学社董事会成立，任鸿隽（会长）、赵元任、秉志、胡明复和周仁出任董事。1915 年 1 月，《科学》杂志创刊号在上海刊行。1915 年 10 月，科学社由原来的办刊机构改组为学会性质的中国科学社，以“联络同志，共图中国科学之发达”为宗旨。到 1918 年，中国科学社的主要骨干，除了赵元任和秉志外，其他人均已学成回国。到 1949 年社员已有 3776 人，成为当时中国规模最大、影响最广泛的民间科学团体。

中国科学社的工作起初主要是办《科学》和《科学画报》这两个期刊。《科学》从 1915 年创刊至 1960 年停刊，共发行 36 卷，是近代中国发行时间最长、影响广泛的科学期刊。它介绍了大量新的科学研究进展，并且发表了中国学者的学术论文。《科学画报》创刊于 1933 年，是民国时期最有影响的科普杂志。二三十年代创办了生物研究所和上海明复图书馆。1935 年，胡适在中国科学社的庆祝会上谈起科学社的历程，其中提到“中国学术界最得意的一件事”便是科学社在 1922 年创建生物研究所，其主要创建者是秉志、胡先骕和钱崇澍。该所的许多研究工作在中国生物学发展史上具有开创意义，比如陈祯的《金鱼之变异》是中国最早的动物遗传学的论文[②]。总之，中国科学社为科学家群体提供了学术平台，并以“赛先生”的旗帜为新文化运动助力。

三、中央研究院

孙中山在 1924 年就提出设“中央学术院”为全国最高学术研究机

---

① 樊洪业.《科学》杂志与中国科学社史事汇要（1914-1918）[J].科学，2005（1）.

② 冒荣. 科学的播火者——中国科学社述评［M］. 南京：南京大学出版社，2002：168.

关。1927 年 4 月，李石曾在南京国民党中央政治会议上提出设立中央研究院案。同年，南京国民政府成立“大学院”，成为全国最高学术教育行政机关，筹备中的中央研究院成了大学院的附属机构之一。1927 年 11 月，大学院院长蔡元培主持召开“中央研究院筹备会及各专门委员会成立大会”，制定了《中华民国大学院中央研究院组织条例》，确定中研院为“中华民国最高科学研究机关”。蔡元培兼任院长，杨铨任秘书长。筹设理化实业研究所、社会科学研究所、地质调查（研究）所、观象台四个机构。1928 年，国民政府改“中华民国大学院中央研究院”为独立的“国立中央研究院”。当年 6 月 9 日，蔡元培在上海组织召开第一次院务会议，宣布中央研究院正式成立。它在创建初期以评议会为全国最高学术评议和决策机构，1948 年选举出第一届院士 81 名，其中数理组 28 人、生物组 25 人、人文组 28 人。

到 1930 年，中央研究院共成立了天文、气象、物理、化学、地质、工程、心理学、历史语言、社会科学等研究所和自然历史博物馆。①1934 年自然历史博物馆改为动植物研究所。四十年代动植物研究所分为动物研究所和植物研究所，新增数学研究所和医学研究所筹备处，1948 年研究所及研究所筹备处达到 13 个。这些研究所在中国建立现代的自然科学、人文社会科学及少数工程科学等学科方面做出了开创性的工作，凝聚了以陈寅恪、陈省身、傅斯年、侯德榜、胡适、华罗庚、李四光、钱三强、翁文灏、吴大猷、吴有训、赵九章、竺可桢等人为代表的一批人才，在 1949 年新旧政权更迭之际，除了历史语言研究所和数学研究所的少数部分迁往台湾外，其余研究所均留在了大陆。81 位首届院士中有 59 位留在大陆。

---

① 林文照. 中央研究院的筹备经过［J］. 中国科技史料，1988（2）；樊洪业. 中央研究院机构沿革大事记［J］. 中国科技史料，1985（2）.

第三章

向科学进军

二十世纪五六十年代，中华人民共和国科学技术事业的发展主要体现在三个方面，首先是构建现代科技体制，包括对高等教育学科布局及地域分布的调整；其次是制定和实施科学技术发展远景规划，发展急需的学科和技术门类，填补一些科技空白；第三是大规模实施苏联援建的工业化建设项目，并以此带动先进技术的引进和消化吸收。尽管走过一些弯路，但到1960年代，中国初步建成了比较完整的工业体系和科技体系，并在一些科技领域取得了突破，为经济社会的发展做出了重大贡献。中国共产党在领导科学技术事业的探索实践中，充分发挥社会主义的优越性，举国家之力攻坚克难，形成了“集中力量办大事”宝贵经验这件法宝。所谓“集中力量办大事”，是指在全国范围内有效调动、配置各种资源，解决国家发展急需和长远发展所需的问题。无论在科学规划、研制“两弹一星”、人工合成结晶牛胰岛素、开发大庆油田、青蒿素研制等方面，都得到了充分体现。这些成功经验一直沿用至今，如今的高速铁路网无不昭示着这种体制的优势性。

第一节　构建现代科技体制

1949 年 11 月，中国科学院在原中央研究院和北平研究院等科研机构的基础上正式成立，开始在科学研究方面发挥“火车头”的作用。从 1956 年开始，国家加快建设各类科研机构及相关管理部门和社团，包括：国务院科学规划委员会（1956 年）、原子能委员会（1956 年）、中国农业科学院（1957 年）、中国医学科学院（1956 年）、中国科协（1958 年）、国家科委（1958 年）、国防科委（1958 年），等等。同时，工业部委和高等院校也纷纷建立学术研究和研发机构。这就形成了中国科学院、国防科研机构、高校、中央各部委科研机构和地方科研机构等五路大军。1952 年和 1956 年，政府对高等院校进行大规模的院系调整，重点发展了以工科院校为主体的专业学院。20 世纪 50 年代初，许多留学海外的知识分子踏上回国之路。截至 1957 年，已有 3000 多人回国，大多成为新中国科技事业的带头人和中坚。政府还向社会主义国家派出大批留学生，到 1958 年留学苏联和东欧的人员已经超过 16000 人。

一、中国科学院的建立

1949 年 10 月新中国建立之初，工业和科研基础都十分薄弱，工业和科研布局也极不合理，科学技术专业人员严重不足。中央政府借鉴苏联的建设经验，实行计划经济体制，并采取面向国家的需求规划科学技术的模式。①

---

①路甬祥. 中国近现代科学的回顾与展望［J］. 自然科学史研究，2002（3）.

早在 1949 年 3 月中共中央就考虑建国后设立科学院。7 月，中华全国自然科学工作者代表大会筹备委员会向人民政治协商会议提议设立国家科学院，以统筹及领导全国科学研究事业，并使之与生产及科学、教育密切配合。9 月 27 日，中国人民政治协商会议第一次全体会议通过《中华人民共和国中央人民政府组织法》。其中规定，科学院为政务院（即后来的国务院）领导下的 30 个政府部门之一，既是国家最高的科学研究机构，又肩负领导全国科学事业的重任。10 月 19 日，郭沫若被任命为科学院院长。11 月 1 日，中国科学院宣告成立。

到 1950 年 5 月，在接管中央研究院、北平研究院等科研机构的基础上，中国科学院建立起 15 个研究机构。1953 年以钱三强为团长的中科院代表团访问苏联，回国后提出借鉴苏联科学院的经验成立学部。1955 年 6 月 1 日，中科院在京召开学部成立大会，宣布物理学数学化

1955 年 6 月 1 日，中国科学院学部成立大会

学部、生物学地学部、技术科学部和哲学社会科学部正式成立。经国务院批准，以郭沫若院长名义聘任了232位学部委员，参与各学部的领导工作。到1955年底，中科院已有47个独立研究所和其他研究单位。

1954年9月，全国人民代表大会通过《中华人民共和国宪法》。1955年6月，国务院总理周恩来在中科院学部成立大会上讲话提出，宪法通过后，中国科学院不再是中央政府的组成机构，而是独立的学术研究和领导机构。1956年1月14日，周恩来在知识分子问题会议上，代表党中央作了《关于知识分子问题的报告》，宣布国家即将制定《一九五六—一九六七年科学技术发展远景规划》(简称“十二年远景规划”)，指出“要用极大的力量来加强中国科学院，使它成为领导全国提高科学水平、培养新生力量的火车头”。3月，以陈毅为主任的国务院科学规划委员会成立，领导“十二年远景规划”编制工作。该机构的成立，淡化了中科院“领导全国科学研究的中心”的职能，加强了其“学术领导核心”的地位。①

二、院系调整

所谓院系调整是指新中国成立至1957年，在全国高等院校范围内进行的校与校之间、院系（科）之间的合并、重组、停办以及新院校的设立等一系列大学体制的改革。其中又以1952年前后和1956年前后两次影响最大。

那么，为何要进行这样大范围的院校调整？这与当时全国高等教育跟经济社会的差距密切相关。首先，高等院校地域分布很不平衡，全国207所高校的85所设在华东地区，仅上海一地就有43所，而边远省份学校极少；其次，专业设置不合理，文科学生比重过大；再

---

① 薛攀皋. 科苑前尘往事［M］. 北京：科学出版社，2011：10-23.

次，人才培养跟不上建设形势。当时全国高校累计毕业的工科毕业生仅3万余人，这对即将要开展的大规模工业建设而言，简直是杯水车薪。[①]1950年6月，第一次全国高等教育工作会议召开，会议要求高等教育在内容、制度、方针等方面都须很好地适应国家建设的需要，首先适应经济建议的需要。[②]1951年11月，教育部在北京召开全国工学院院长会议，研讨工业技术人才的培养问题，强调设立专门学院并扩大招生。

1952年5月，教育部明确参考苏联办高等教育的经验，主要发展综合大学和专门学院，以培养工业建设人才和师资为重点。从1952年7月起，进行了全国范围的院系调整，涉及全国四分之三的高校，其中以华北、东北和华东最彻底。主要做法是将综合大学中的工、农、医、师范、政法、财经等科调出，建立专门学院，或合并到已有的同类学院中。经过这次调整，工科院校得到加强，新设了钢铁、地质、矿冶、水利等工科学院，适应了国家建设的需求。[③]例如，清华大学调整调出农学院、文学院等，加强了机械、动力、土木等8个系和22个专业，由美国模式的综合大学转变为苏联模式的多科性工业大学。[④]以清华大学、厦门大学、西北工学院、北洋大学等校的航空系或专业为基础，1952年建立北京航空学院（今北京航空航天大学）。

1956年前后的院校调整主要是改变高校的学科布局和地区布局。1955年在修订国民经济第一个五年计划时，中央提出高等教育必须和国民经济的发展计划相配合，学校分布应避免过分集中，工科院学应该逐步和工业基地相结合。于是，沿海地区的一些高校同类专业迁入

---

① 李涛．关于建国初期中国高等学校院系调整的综合述评［J］．北京航空航天大学（社会科学版），2004（4）；吴连海．工科教育在建国初十年高校院系调整中的快速发展述评［J］．煤炭高等教育，2006（1）．

② 董宝良．中国近现代高等教育史［M］．武汉：华中科技大学出版社，2007：253.

③ 李琦．建国初期全国高等学校院系调整述评［J］．党的文献，2002（6）．

④ 吴连海．工科教育在建国初十年高校院系调整中的快速发展述评［J］．煤炭高等教育，2006（1）．

内地，同时以某些内迁的专业为基础，新建或扩建了部分学校，使内地高校的数量显著增加，办学质量得到提高。到 1957 年，全国院系调整基本结束，这对中国教育的发展影响深远。首先，高等教育体制由欧美模式转向苏联模式；其次，工科院校的比例大幅提高，专业的细化适应了工业化建设与科研体制构建的需求；再次，改善了高校布局的地区和专业不平衡的状况，增强了内地高教的实力，填补了一些学科方向的空白。①

不过，院系调整也出现了一些问题，例如，一些综合大学力量被削弱，文科被削减过多，专业设置过于狭窄。

第二节　规划科学技术

1956 年 1 月，周恩来总理代表中央发出“向科学进军”的号召。这一年，国务院成立“科学规划委员会”，组织全国数百位科学技术专家，编制《1956–1967 年科学技术发展远景规划纲要》（以下简称《远景规划》）。该规划的实施提升了中国科学技术的水平，填补了一些学科领域的空白，在原子弹、喷气技术、人工合成结晶牛胰岛素等方面取得了重大突破，并且形成了“以任务带学科”的工作模式。

一、十二年科技发展远景规划

随着国民经济的恢复和从 1953 年开始的国民经济第一个五年计划提前完成，中共中央和国务院制定了实现社会主义工业化的宏伟目标。1954 年 6 月，中科院为适应国家计委制订全国经济建设长远计划的需

① 韩晋芳．中国高等技术教育的“苏化”（194901961）．济南：山东教育出版社，2015: 172-180.

要，组织科学家们讨论众多学科的长远计划。中科院院长的苏联顾问柯夫达建议编制中国科学事业十五年规划，此议先后受到科学院和国家领导人的认可。科学院在1955年9月部署中国科学院15年发展远景计划的制订工作，到1956年2月，已经确定了53个重大项目，许多项目后来被纳入到国家的《远景规划》中。

1956年1月，中共中央在北京召开知识分子问题会议。周恩来总理在报告中强调必须赶上世界先进科学水平，制定科学技术发展远景规划，向现代科学进军。[①]经过动员和组织准备，国务院在1956年3月14日正式成立科学规划委员会，随即全面展开规划编制工作，工作中形成了“以任务为经，以学科为纬，以任务带学科”的原则。经过数百位中国专家和18名苏联科学家的努力工作，终于在当年8月下旬形成了《1956–1967科学技术发展远景规划纲要（草案）》。征求各方意见后，12月中共中央同意国务院科学规划委员会对修正草案的意见报告，《远景规划》遂付诸实施。[②]

《远景规划》从13个领域提出了57项重要科学技术任务，其中具有关键意义的12项重要科技任务是：1. 原子能的和平利用；2. 无线电电子学中的新技术；3. 喷气技术；4. 生产过程自动化和精密仪器；5、石油及其他特别缺乏的资源的勘探，矿物原料基地的探寻和确定；6、结合中国资源情况建立合金系统并寻求新的冶金过程；7. 综合利用燃料，发展重有机合成；8. 新型动力机械和大型机械；9. 黄河、长江综合开发的重大科学技术问题；10. 农业的化学化、机械化、电气化的重大科学问题；11. 危害中国人民健康最大的几种主要疾病的防治和消灭；12. 自然科学中若干重要的基本理论问题。在57项重要任务中，以中国科

---

① 樊洪业. 中国科学院编年史（1949-1999）[M]. 上海：上海科技教育出版社，1999：65.

② 中共中央党史研究室第二研究部.《中国共产党历史》第二卷注释集[M]. 北京：中共党史出版社，2012：99.

学院作为“主要负责单位”的有 8 项，以中国科学院作为“联合负责单位”的有 15 项，中国科学院作为“主要协作单位”参加的有 27 项，三项合并占总项数的 87.7%。[①]

针对一些急需的、重要的科技任务，科学规划委员会在 1956 年提出《发展计算技术、半导体技术、无线电电子学、自动学和远距离操纵技术的紧急措施方案》(简称“四大紧急措施”)。为此，中科院决定新建计算技术研究所、自动化及远距离操纵研究所以及电子学研究所的筹备委员会，并在应用物理研究所建立半导体物理研究小组。原子能和喷气技术的研究以及“四大紧急措施”带动尖端科学技术的发展，促进了国防和工业的现代化。

主管科技的副总理聂荣臻对《远景规划》做过一个基本判断。他认为这个规划对中国科研事业的发展起了重要的推动作用，为执政党领导科研工作摸索和积累了一些经验。它勾画出国家科技发展的蓝图，确定了重要领域和课题；通过制定规划，初步摸清了国际先进科学技术的状况，了解了组建机构、组织队伍、建立科研服务系统等发展科研事业所必备的基本条件。[②] 此外，《远景规划》的制定和实施还促进了中国科研体制的形成，其中，中科院是全国科研的“火车头”，高等院校、中央各产业部门的研究机构和地方所属的研究机构则是科学研究广阔的基地。[③]

二、研制“两弹一星”

1971 年春，中美关系开始回暖，美国总统尼克松下令取消了自 1950 年起不准美国人访问中国的禁令。7 月，杨振宁回到了阔别 26 年的祖国，

① 同樊洪业：67.

② 聂荣臻. 聂荣臻回忆录，下册. 北京：解放军出版社，1984：778-779.

③ 路甬祥. 中国近现代科学的回顾与展望［J］. 自然科学史研究，2002（3）.

在北京见到了22年未谋面的老同学邓稼先。自1964年中国成功试爆原子弹以后，美国报纸上多次提到邓稼先是这一事业的重要领导者。此外，还谣传1948年来到中国的美国人寒春（Joan Hinton，担任过费米的助手）参与了原子弹工程。8月，杨振宁问起邓稼先寒春的事情。邓觉得没有，但答应回去核实。8月16日，杨振宁返回美国前，收到邓稼先的信。信中说中国的原子弹工程中除了1959年底之前得到苏联极少的援助外，没有任何外国人参加。杨振宁一时热泪盈眶，不得不到洗手间整理面容。他说："事后我追想为什么会有那样大的感情震荡，为了民族的自豪？为了稼先而感到骄傲？——我始终想不清楚。[①]"

1999年9月18日，中共中央、国务院、中央军委表彰为研制"两弹一星"做出突出贡献的科技专家。邓稼先是23位被授予"两弹一星"功勋奖章的科学家之一。所谓"两弹一星"是指20世纪中国研制原子弹、导弹和人造卫星的"大科学"工程。其标志性的事件有：1964年10月16日，原子弹爆炸成功；1966年10月27日，装有核弹头的地地导弹飞行爆炸成功；1967年6月17日，氢弹空爆试验成功；1970年4月24日，人造卫星发射成功。

1945年，美国在日本广岛、长崎投掷的两颗原子弹，使全世界第一次目睹了核武器的巨大威力。1950年代世界核军备竞赛愈演愈烈。1950年6月朝鲜战争爆发，10月中国派志愿军入朝，抗美援朝。战争期间，美国曾以投放原子弹相威胁，这使中国领导人认识到发展核武器的必要性和迫切性。1956年4月25日，毛泽东主席在中央政治局扩大会议上强调中国要有原子弹，否则就受欺负。[②]在《远景规划》中，列在12项关键科技任务之首的便是"原子能的和平利用"。1956年10月，国防部第五研究院（即导弹研究院）成立，钱学森担任院长。在

① 杨振宁．永恒的骄傲——怀念邓稼先［J］．科学新闻，2001（42）.

② 黄玉章．中国人民解放军简史（上）［M］．南京：江苏人民出版社，2007：812.

中国“两弹”事业中，钱三强发挥了重要作用，他是中国原子能事业的开创者和推动者，是“两弹”工程的组织者和协调者（长期担任主管核武器研制的二机部副部长和原子能研究所所长），在核武器研制和聚集人才方面做了大量工作。[①]因为他在“两弹”事业中杰出的领导能力，有人称他为中国的奥本海默。

中国研制原子弹、导弹的初期，曾得到苏联的援助。从1955年 到1958年，苏联向中国提供原子弹和导弹研制方面的技术装备，并且派遣专家到中国指导有关工作。[②]1960年7月苏联决定撤回援华专家，中苏关系急剧恶化，这使中国原子弹、导弹的研制进入了全面自力更生的阶段。1961年7月，中共中央决定进一步缩短战线，集中力量，加强有关各方面对原子能工业的支援。1964年10月16日，中国终于成功爆炸原子弹。到1965年，中国科学家又突破氢弹研制中的关键技术，探索出一种新的制造氢弹的理论方法。中国在1966年12月成功进行氢弹原理试验，1967年1月17日成功试爆氢弹。

1987年钱学森（左）和钱三强在一起

在导弹研制方面，中国仿照苏联的P–2导弹，制成地地近程导弹“东风一号”，并于1960年11月5日发射成功。1964年6月29日，中

① 黄松平，朱亚宗．我国原子能事业的一座丰碑——论钱三强在我国“两弹”研制中的功绩［J］. 自然辩证法通讯，2006（2）.

② 张寿春，金鑫．周恩来与强国之路［M］. 北京：中央文献出版社，2014：272.

国自行设计和研制的中近程导弹“东风二号”成功发射，这为实现导弹核武器试验奠定了基础。1966 年 10 月 27 日，中国第一枚装有核弹头的地地导弹“东风二号甲”发射成功。

在苏联和美国先后发射人造地球卫星之后，毛泽东在 1958 年 5 月 17 日的中共中央八届二次会议上说：“我们也要搞人造卫星。”这次会议后，中央政治局研究决定以中科院为主搞人造地球卫星。8 月，中科院决定将卫星研制任务定为 1958 年的头号重点任务。但是，该计划受“大跃进”导致的经济困难影响，暂缓进展。[①]1964 年 10 月下旬，赵九章、钱骥等科学家赴酒泉发射基地观看东风二号导弹的发射，并就运载工具的发展前景与发射卫星的可能性进行座谈。此行使赵九章感到中国研制和发射人造地球卫星的时机已趋成熟。1964 年 12 月与 1965 年 1 月，赵九章和钱学森分别致信周恩来与国防科委、国防工办，建议制定我国人造卫星的研制计划。1965 年 8 月，中央批准了中科院提交的《关于发展我国人造卫星工作规划方案建议》，确定由国防科委负责组织协调。12 月，国防科委召开第一颗人造卫星研制工作会议，命名中国第一颗人造地球卫星为“东方红一号”，并计划在 1970 年左右发射。尽管人造卫星的研制在“文化大革命”中受到冲击，但孙家栋等研制者们克服重重困难，使“东方红一号”卫星在 1970 年 4 月 24 日成功发射。

三、合成牛胰岛素

在“大跃进”运动中，科技人员也试图科研“卫星”，提出了诸多气势宏大的研究构想。1958 年 6 月，中国科学院上海生物化学研究所召开高研组讨论会，正是这次会议提出了“合成一个蛋白质”这一

① 樊洪业. 中国科学院编年史（1949-1999）[M]. 上海：上海科技教育出版社，1999：94.

想法。回望当时，这一设想是有一定科学基础的。1953 年，美国生物化学家迪维尼奥（Vincent du Vigneaud）已经完成了首例生物活性多肽——催产素的合成，提供了可行的蛋白质合成方法；1955 年，英国生物化学家桑格（Frederick Sanger）完成了胰岛素一级结构的测定工作，使它成为一种可能的合成对象。

在“多快好省，力争上游”的氛围里，“合成一个蛋白质”的计划完成周期一再压缩，得到周恩来总理的关注。在获得中央领导首肯后，合成蛋白质很快就被列入全国 1959 年科研计划（草案）中。1958 年 9 月，由蛋白质专家钮经义组织人员，先重复迪维尼奥的合成催产素工作，掌握合成技术，进行多肽合成、分析与鉴定的实践。他们幸运地获得了具有生物活性的催产素。在初步掌握多肽合成技术后，合成蛋白质的工作便提上日程。上海生化所、北京大学生物系、化学系以及复旦大学生物系在上海举行了胰岛素文献报告学习会，会上正式确定了人工合成胰岛素的课题。

1958 年 12 月，上海生化所开始展开胰岛素合成工作。考虑到这将是一项工作量极大的工作，生化所便寻求北京大学合作，最终决定由北大化学系负责胰岛素 A 链的合成；生化所负责胰岛素 B 链合成以及 A、B 链的拆合。一方面，为了提供合成所需原材料，上海生化所在 1958 年下半年专门组织了技术小组，进行氨基酸的生产，后来在此基础上组建成了东风生化试剂厂。另一方面，研究人员开始合成途径的探索。胰岛素由 A、B 两条链构成，两条肽链间通过两个二硫键连接。邹承鲁领导的小组先尝试分离 A 链与 B 链，再将它们重新组合以形成天然胰岛素。很快，杜雨苍与张友尚就分别得到 5%–10% 的活性的重合成初产物和胰岛素结晶，从而明确了胰岛素的合成路线。大方向探索清楚后，生化所和北大就分别开始了 A、B 两链的合成工作。与拆合工作相比，由于胰岛素多肽链较长，合成方面则进展较缓。

1959 年，就在合成研究稍获进展之时，“反右倾”运动扑面而来，胰岛素合成工作开始进行“大兵团作战”，一些科研骨干被学生和青年教师取代，并盲目加快进度，结果研究质量无法保证，造成很多浪费。后来在王应睐等人的建议下，才精简研究队伍，进行深入细致的研究。到 1963 年下半年，国内形势渐趋好转，胰岛素的研究也开始走向正轨，同时在美国合成进度的压力下，生化所、有机所和北京大学重新协作，组织了一个协作组，进行扎实的研究。1964 年先后合成了 B 链和 A 链。到 1965 年 6 月，终于取得了人工合成胰岛素。当把 6 微克的合成胰岛素注射至 24 只小鼠体内后半个小时，小鼠就因血糖过低发生惊厥，这证明人工合成胰岛素和天然胰岛素有着同样的生物活力。此后他们不断试验，创造了两次抽提、两次冻干法，极大的提高了人工合成物的活力和纯度。杜雨苍等人继续做人工 A 链和人工 B 链的全合成试验，于 1965 年 9 月 17 日得到了全合成的胰岛素结晶。人工合成胰岛素的工作使中国在合成多肽方面达到国际先进水平。[①]

第三节　技术进步与工业化

通过实施“156 项工程”等工业项目，中国从苏联和东欧引进技术，大规模进行工业化建设，初步建立起比较齐全的工业门类，为以后的经济社会发展奠定了基础。中苏交恶之后，中国建设转向以自力更生为主，其典型范例如大庆油田的开发、万吨水压机的制造、抗疟药青蒿素的研制。自 1964 年起，鉴于中苏交恶与美国在中国东南沿海

① 本节主要参考：熊卫民，王克迪．合成一个蛋白质——结晶牛胰岛素的人工全合成［M］济南：山东教育出版社，2005；戴雪娟．．攻关记——回顾人工合成结晶牛胰岛素的战斗历程［N］．新华月报，1979-9-29．

的攻势，中国在中西部地区进行了以战备为目的的“三线建设”。“三线建设”进一步改变了工业布局，促进了对先前引进的技术的消化吸收。

一、156项工程

新中国成立之初，工业和技术基础非常薄弱。1952年初，中央政府开始编制《发展国民经济的第一个五年计划（1953–1957）》，并确定“一五”期间经济建设的重点为钢铁、燃料、动力、机械、军工、有色金属和化学工业等重工业。这次大规模的工业化建设以苏联援建的156项建设单位为核心，以921个大中型项目为主体。1950年2月14日，中苏两国签订《中苏友好同盟互助条约》，商定苏联援建和改造50个大型企业，其中36个设在东北。1953年5月，李富春副总理与苏联部长会议副主席米高扬签订了关于协助中国新建和改建141个（含之前50个，新增91个）工业企业的协定。作为这些援建项目的部分补偿，中方将在1954–1959年向苏方提供16万吨钨砂、11万吨铜、3万吨锑、9万吨橡胶等原料。1955年3月28日，中苏又签订16个苏联援建工业项目的协议，使援助项目增加到156项。同年还商定了18个新项目。经过反复调整后，最后确定为154项，苏联向中国出口成套机器设备。因公布156项在先，故后来仍称“156项工程”，实际进行施工的为150项，其中煤炭、电力和石油等能源工业52项，钢铁和有色金属工业20项，化工7项，机械工业24项，兵器、船舶、电子、航空和航天等军事工业44项，轻工业和医药共3项。

1950年代，中国科学家和工程师等专业人才的数量和专业结构都难以满足工业建设和技术引进的需要。1950年3月，中苏两国签署了关于苏联专家到中国工作的协定，苏方逐年向中方选派不同领域、不同层次的顾问和专家。1950年代苏联先后派遣经济、文教专家10800

多人，其中技术专家占了全部苏联专家与顾问的80%。许多技术专家工作于“156项工程”等援建项目的勘察、设计、施工、机器设备的安装调试、人员培训、试生产和投产等环节上，在技术转移及工程建设过程中扮演了非常重要的角色。[①]比如，苏联向长春第一汽车制造厂派出了近200名专家，包括总顾问、土建专家以及技术科长、车间主任、车间高级技工等。他们手把手地教中国技术人员和工人安装、调试及组织生产，直到1956年7月13日从总装线开出第一辆中国制造的汽车。[②]

苏联帮助中国实施“156工程”的同时，意味着苏联的工业技术大规模地转移到了中国。“转移”的内容大致包括如下4个方面：（1）生产工艺和成套设备，特别是工艺设计和相关机器设备设计、建筑设计等；（2）技术资料，主要是冶炼、选矿、石油、机车制造和发电等建设项目的设计资料以及制造水轮机、真空仪器等工业产品的工艺资料；（3）产品设计与制造技术，包括机床、汽车、拖拉机、动力机械、铁路机车、电工器材、兵器等产品的资料；（4）工业建设的设计任务，这有助于提升中国的厂矿设计能力。

以“156项工程”为核心的建设项目使新中国构建了比较完整的基础工业和国防工业体系，奠定了工业化的初步基础。苏联援建项目吸收了“一五”时期工业总投资的一半左右，从苏联进口的成套设备等货物相当于总工业投资的30%。借助“156项工程”，国家比较迅速地提升了技术水平，也带动了科学和教育的发展。1960年苏联撤走专家后，中国已有能力续建苏联中断援建的66项成套设备项目，并使它们达到或基本达到原设计水平。此外，“156项工程”还影响了中国的经

① 张柏春，姚芳，张九辰，蒋龙．苏联技术向中国的转移（1949-1966）[M]．济南：山东教育出版社，2004：317-321.

② 沈志华．苏联专家在中国（1948-1960）[M]．北京：新华出版社，2009：156.

济结构和城市建设，改变了 1949 年前工业基地集中在沿海的布局，促进了中国的城市化进程。

二、陆相生油理论与大庆油田

1913 年美国美孚石油公司组织一个调查团到山东、河南、陕西、甘肃、河北、东北和内蒙古部分地区进行石油地质调查，并于 1914 年在陕西延长等地打了 7 口井，均未获得有工业价值的油流。1922 年，美国地质学家、斯坦福大学教授勃拉克韦尔德（E. Blackwelder）撰写了论文《中国和西伯利亚石油资源》指出，“中国没有中生代或新生代沉积，古生代沉积也大部分不生油，除了中国西部及西北部某些地区外，所有各个年代的岩层都已剧烈褶皱、断裂，并或多或少被火成岩侵入。因此中国绝不会生产大量石油。”①

“九一八”事变之后，为了抗战需要，翁文灏派地质调查所地质师王竹泉、潘钟祥到陕北进行地质调查，他们纠正了之前美孚公司在那里错误的地层划分，发现了永坪、延长的储油构造，确定了 20 个井位。随后，1934 年陕北油矿勘探处发现了永坪油田。这是中国人第一次勘探井位并打出了石油。抗战全面爆发后，中国又成功开发玉门油田。然而，直到 1950 年代，中国的石油产量仍然很低。

潘钟祥当年在永坪油田勘探时发现了一个与通常石油生成理论不同的现象：陕北地区油苗主要为河流、沼泽、泥沼及湖相沉积，没有海相化石及其他海相迹象。后来他去美国进修，在 1941 年发表一篇论文，对只有海相才能生油的论点提出挑战，认为陆相（湖相）同样可以生油。此后，中国多位学者丰富和发展了“陆相生油”理论。1953 年，翁文波、谢家荣、黄汲清等在编制中国含油气远景分布图时，认

① 张文昭. 中国陆相盆地油气勘探实践［M］. 北京：石油工业出版社，1995：4.

为松辽平原很值得关注。[①]1954年李四光在《石油地质》一篇文章中指出，值得对华北平原和松辽平原进行勘察。1955年，地质部召开第一次石油普查工作会议，但在这次会议决议中准备勘探的目标中没有松辽平原。之后在黄汲清和谢家荣的建议下，才由东北地质局进行勘察。1956–1957年间，东北地质局对松辽平原进行了细致勘察，发现了包括黑龙江省大同镇在内的13个可能储油构造。[②]

从1958年开始，石油部和地质部在松辽平原进行大规模的地质普查。7月和8月分别在黑龙江省和吉林省钻探了松基1号井（松辽平原第一口基准井）和松基2号井，均未发现工业性油流。经分析论证后，认为在黑龙江省安达县大同镇的高台子具有良好的含油远景。随后，松辽石油勘探局和地质普查大队确定了松基3号井的具体位置。1959年9月26日，松基3号井喷出油流，日产原油9–12吨，经过试采，证实该井稳定可靠，成为东北第一口喷油井。11月8日在大同镇召开庆祝大会时，黑龙江省委第一书记建议把“大同镇”改为“大庆镇”，因为发现油田算是向10周年国庆献礼。

松基3号井出油之后，很快扩大勘探范围，发现方圆2000平方公里的储油构造带地质条件好，油层多而厚，产量比较高。1960年3月和4月，萨尔图和杏树岗的三口油井相继喷出高产油流，油田大局已定。[③]4月29日，万人誓师大会在萨尔图草原上举行，之后石油会战全

---

① 大庆市政协文史资料研究委员会. 大庆油田的发现（大庆文史资料第一辑）[M]. 哈尔滨：黑龙江人民出版社，1987：17-18.

② 李玉琪，惠荣. 论大庆油田的发现过程与原因[J]. 西安石油大学学报（社会科学版），2013（2）.

③ 张文昭. 大庆油田的发现和大庆油田会战若干重要事件的回忆[J]. 中国科技史料，1994（2）.

面展开，松辽地区汇集了4万多名职工和4000多位技术干部。[①]其中，王进喜是会战职工的杰出代表。他在1960年3月带领1205钻井队从玉门油田赶到大庆，开发试验区的第一口井。打到700多米时，突然发生井喷。这时唯一的办法就是向泥浆池中加水泥，以提高泥浆比重压住井喷，但是水泥加入后因为没有搅拌设施，直接沉到底部。王进喜带头跳到泥浆中，用双臂和身体当搅拌机。其他工友们也跳入池中，终于制服了井喷。王进喜有一句名言叫“宁可少活20年，也要拼命拿下大油田”，反映了当年中国石油工人的雄心壮志。

1960年6月1日，挂有21节装满大庆油田生产原油的油罐列车从大庆开出，这是大庆油田外运的第一列车原油。大庆油田的开发建设，甩掉了中国贫油落后的帽子，实现了石油基本自给。50多年来，大庆油田生产原油超过20亿吨，占同期中国原油总产量的40%。在开发大庆油田过程中形成的艰苦创业、自力更生的精神，成为宝贵的精神财富。1964年初，毛泽东发出号召：“工业学大庆”。

三、青蒿素研制[②]

北京时间2015年10月5日下午5时30分，瑞典首都斯德哥尔摩，2015年度的诺贝尔生理学或医学奖揭晓，其中一半奖金奖励给了中国科学家屠呦呦，以表彰她发现治疗疟疾的青蒿素。这意味着国际科学界肯定了中国科学家为增进人类健康做出的重大贡献。

① 李玉琪，惠荣. 论大庆油田的发现过程与原因［J］. 西安石油大学学报（社会科学版），2013（2）.

② 本部分主要参考文献：饶毅，黎润红，张大庆. 辛酸与荣耀——中国科学的诺奖之路［M］. 北京：北京大学出版社，2016.

1950 年代屠呦呦（右）与楼之岑副教授一起研究中药。

疟疾是全球广泛关注的重要公共卫生问题之一。1964 年，毛泽东和周恩来应越南战争中越共领导人的请求，同时考虑中国南方存在的疟疾问题，将解决疟疾问题提上战备日程。起初这项任务是由军队负责，后来军事医学科学院提出对抗恶性疟疾需要更长效的药物，仅凭军队力量难以解决，因此国家科委与解放军总后勤部于 1967 年 5 月 23 日联合召开“疟疾防治药物研究工作协作会议”，拉开了疟疾防治的帷幕。为保密起见，后来以会议召开日期为代号，将这项工作称为“523 任务”。

“523 任务”是一场全国性的自上而下的大规模合作项目，参与者来自全国多家单位。它分为五个研究专题。中医药与针灸防治仅是其中的研究专题之一，参与该部分研究的单位有 20 多家，卫生部中医研究院（今中国中医科学院）是在 1969 年 1 月才加入的。在中医药专题中，研究小组尝试过很多中药的筛选，最初的重点是中药“常山”。中国药物学家张昌绍等早在 1940 年代就提取出了常山碱、常山次碱等具有抗疟作用的生物碱。“523 任务”再次重点研究常山，但依旧遇到同样的问题，就是它抗疟作用强，却有呕吐的副作用。不过，常山研究的方法，为青蒿素等其他药物的筛选提供了基本研究模式。

“屠呦呦研究小组”的余亚纲和从军事医学科学院临时借调到中医研究院的顾国明梳理了各种可能的民间验方，对808种中药进行了细致梳理、分析和总结，筛选出了十几种频繁出现用于抗疟的中药。余亚纲按照常规方法分别采用“酯、醇、水”3种类型的溶剂，制备了近百个提取物，并在军事医学科学院用鼠疟模型筛选检验，发现青蒿提取物有60%到80%的抑制率，但效果并不稳定。到1970年底，因主要人员任务有变化，故中医研究院承担的“523任务”暂时陷于停滞。

1971年7月，屠呦呦重返抗疟第一线。鉴于青蒿乙醇提取物效果不稳定，屠呦呦意识到高温可能对其有效成分造成破坏，便改用乙醚低温提取青蒿，使提取物抗疟效果达到95%到100%。这种低温提取的思路与晋代炼丹家葛洪《肘后备急方》所载的“青蒿一握，以水二升渍，绞取汁，尽服之”一致。1972年3月，在南京召开的“523任务”工作会议上，屠呦呦报告了这一关键的研究结果。其后，屠呦呦研究小组的工作仍然集中于青蒿，并且增派了人员，在分离青蒿中的活性成分等方面取得进展，鼠虐实验证明一种结晶体正为有效的抗疟单体物质，即后来的青蒿素。屠呦呦的内部报告引起了与会者的注意。此后，山东省中医药研究所、山东寄生虫病研究所、云南药物研究所、广东中医学院的研究工作都有突破。

1974年，屠呦呦开始研究青蒿素的效应与结构关系，与中国科学院上海有机化学研究所合作鉴定了青蒿素的晶体结构。在此基础上，中科院生物物理所协助她在1977年鉴定出青蒿素分子的绝对化学构型。由于青蒿素不溶于水，生物利用度较低，化学改造就成为提高其疗效的重要途径。1976年中科院上海有机化学所展开青蒿素化学改造的工作，李英等人先后合成青蒿素的酯类、醚类、碳酸酯类衍生物；

1977 年，广西桂林制药厂也成功研制了青蒿素的衍生物。现在使用较为广泛的蒿甲醚、青蒿琥酯等青蒿素衍生物就是中国科学院上海药物所李英等人和广西桂林制药厂刘旭等人的研究成果。1981 年 5 月，军民协作的“523 任务”告一段落。原卫生部副部长黄树则对青蒿素成功发现的协作做了总结：“思想上目标一致，计划上统一安排，任务上分工合作，专业上取长补短，技术上互相交流，设备上互通有无。”

第四章

科技体制改革与创新

“文化大革命”使中国科技事业遭受重创，在许多科技领域里与发达国家的差距又拉大了。“文革”结束后，国家在教育和科技领域出台了一些重要举措，科技界迎来了“科学春天”。1978 年 12 月，中共中央召开十一届三中全会，作出由“以阶级斗争为纲”转向社会主义现代化建设、进行改革开放的重大战略决策，为科技及其他事业的发展开辟了道路。1982 年，中共中央和国务院提出了“经济建设必须依靠科学技术，科学技术必须面向经济建设”的方针，为科技体制改革指明了方向。国家通过改革和大规模引进先进技术，促成经济的高速发展；通过实施重大科技计划和改革体制机制，不断提升创新能力，直到实施创新驱动发展战略，使中国向着科技强国目标迈进。

第一节　科学的春天

1977年恢复高考，高等教育开始走上正轨。1978年3月全国科学大会召开，标志着“科学春天”的到来。人们告别“文革”的阴霾，憧憬着工业、农业、国防和科学技术的现代化，投身于对内改革、对外开放的时代大潮。

一、恢复高考

1977年11–12月，各省、自治区、直辖市陆续举行了一次高等院校的冬季招生考试（简称“高考”）。共有570万人报考，考生年龄差距之大创下纪录。27.8万学子被录取，在事业上获得了新生。这次高考被视为“向四个现代化进军的盛举”！[①]

为什么这次高考的历史意义如此重大？这还得从史无前例的“文化大革命”说起。这场史无前例的政治运动发生在1966年至1976年，矛盾错综复杂[②]，给中国社会发展带来了灾难性的影响。1966年起全国统一高考制度被取消，高等教育基本陷于瘫痪。1968年12月，毛泽东指示：“知识青年要到农村去，接受贫下中农的再教育，很有必要。”此后，全国有1600多万知识青年“上山下乡”，失去了考大学的机会。[③]直到1972年，高校开始恢复招生，但只招收具有两年以上实践经验的优秀工农兵学员，并且以“自愿报名、群众推荐、领导批准、学校复

---

① 教育部考试中心. 难忘1977：恢复高考的历史实录［M］. 天津：天津人民出版社，2007：11.

② 朱家梅. 胡乔木论中共党史［M］. 北京：中共党史出版社，2012：176.

③ 徐宪江. 中国百年实录［M］. 北京：人民日报出版社，2014：290.

审”的办法取代考试。这使大学生的文化素质严重下降，据 1972 年北京市的一份调查，北京 11 所高等院校招收的工农兵新学员中，初中以上文化程度仅占 20%，初中程度占 60%，另有 20% 相当于小学文化程度！①

1977 年 7 月 17 日，邓小平恢复工作，自告奋勇主管科技和教育工作。早在 1975 年，他就慎重思考了恢复高考的问题，希望能从应届高中毕业生中直接招生。②7 月 23 日，他与长沙工学院临时党委书记、副书记的谈话中强调：“不管招多少大学生，一定要考试，考试不及格不能要。不管是谁的子女，就是大人物的也不能要。”③

1977 年 8 月 4—8 日，邓小平在北京主持全国科学和教育工作座谈会。会上，武汉大学查全性在发言中直陈当时工农兵学员招生制度的弊端，引起了与会者的强烈共鸣。邓小平随即询问教育部长刘西尧当年恢复高考是否来得及。当得知如果推迟招生的话还来得及时，他做了关键发言，主张 1977 年就改变招生办法，通过统一考试，择优录取。5 天后，教育部在北京召开第二次全国招生工作会议，会议决定恢复高考统一考试制度。10 月 12 日，国务院正式批转教育部《关于一九七七年高等教育招生工作的意见》，废除了文革时期的招生办法，对 1977 年高校招生工作进行了一系列重大改革。

恢复高考是教育界纠正错误的一个重要突破，是历史转折的一个重要标志。高考改变了有志青年的人生命运。当年经历过高考的莘莘学子，后来几乎都成为各个领域的骨干和带头人。

---

① 刘仓．邓小平对恢复高考的特殊贡献［J］．当代中国史研究，2007（6）．

② 李均．中国高等教育政策史：1949-2009［M］．广州：广东高等教育出版社，2014：165.

③ 一九七七年邓小平关于恢复高考的讲话、谈话和批示转载（一九七七年五月——十一月）［J］．党的文献，2007（4）．

二、全国科学大会

知识分子集中的科研院所和高等院校成了“文革”时期的“重灾区”，科学家们受到冲击，科研与教学工作遭到严重破坏，甚至陷于瘫痪。例如，中国科学院在“文革”前已有106个研究所，24000多名科技人员，成为学科比较齐全的综合研究中心。但是到1973年，中科院直属的研究所仅剩13个，许多科学家已被打成“反动学术权威”，大批科研人员和干部“下放”到“五七干校”。[①]

1975年周恩来病重期间，邓小平主持中央和国务院工作。胡耀邦在邓小平支持下，对中科院的工作进行整顿，从科技路线、知识分子政策等方面纠正“左倾”错误。1975年8月17日，胡耀邦和李昌、王光伟联名向中央提交了《关于科技工作的几个问题（讨论稿）》（即《科学院工作汇报提纲》），其中提到：科学技术是生产力；没有科学技术现代化，也就不能有工业、农业、国防的现代化。不幸的是，邓小平再次被批判和撤职，中科院刚进行4个月的整顿被迫中断。不过，科学院的整顿为以后科技政策的调整和科研秩序的恢复奠定了基础。

1977年科教座谈会之后，也就是在9月18日，中共中央下发《关于召开全国科学大会的通知》，其中指出：“四个现代化的关键是科学技术现代化。我们必须建设世界一流的科学技术队伍，拥有最先进的科学实验手段，在理论上有重大创造，技术上有重大发明，在科学技术的主要领域接近、赶上和超过世界先进水平，促进我国国民经济进入世界的前列。”“要抓紧落实党的知识分子政策。对于确有真才实学而用非所学的专业人才，有步骤地调回科学技术工作岗位。”这个邓小平

---

① 周士元. 李昌传［M］. 哈尔滨：哈尔滨工业大学出版社，2009：257；张化. 中国科学院1975年的整顿［J］. 中共党史研究，1996（1）.

审定的《通知》对当时拨乱反正、统一思想的有重要意义。

1978 年 3 月 18 日下午，在中共中央主席华国锋的主持下，全国科学大会在北京人民大会堂举行。中共中央副主席、国务院副总理邓小平在开幕式上作重要讲话，强调“科学技术是生产力”①，阐述知识分子已经是工人阶级的一部分，这给了广大科研人员和其他知识分子以巨大鼓舞。在 3 月 31 日大会闭幕式上，中科院院长郭沫若发表闭幕讲话《科学的春天》。在讲话的最后，郭院长写道：“春分刚刚过去，清明即将到来。‘日出江花红胜火，春来江水绿如蓝’。这是革命的春天，这是人民的春天，这是科学的春天！让我们张开双臂，热烈地拥抱这个春天吧！”

1978 年全国科学大会现场

全国科学大会之后，科学技术的地位上升到一个新的高度，科研秩序很快就恢复正常，崇尚科学成为社会风尚。

① 1988 年 9 月，邓小平在接见外宾时进一步做出“科学技术是第一生产力”的论断。

三、《哥德巴赫猜想》与科学热

1978年1月，《人民文学》刊载了作家徐迟的一篇报告文学《哥德巴赫猜想》，其中有一段这样写道：

> 他就像那些征服珠穆朗玛峰的英雄登山运动员，爬呀，爬呀，爬呀！而恶毒的诽谤，恶意的污蔑像变天的乌云和九级狂风。然而热情的支持为他拨开云雾；爱护的阳光又温暖了他。他向着目标，不屈不挠；继续前进，继续攀登。战胜了第一台阶的难以登上的峻峭；出现在难上加难的第二台阶绝壁之前。他只知攀登，在千仞深渊之上；他只管攀登，在无限风光之间。一张又一张的运算稿纸，像漫天大雪似地飞舞，铺满了大地。数字、符号、引理、公式、逻辑、推理，积在楼板上，有三尺深。忽然化为膝下群山，雪莲万千。他终于登上了攀登顶峰的必由之路，登上了（1+2）的台阶。[①]

这篇报告文学的主人公叫陈景润，是中国科学院数学所的科研人员。因这篇报告文学，陈景润成了那个时代中国知名度最高的科学家。他在极其艰难的情况下，研究“哥德巴赫猜想”，他取得的结果迄今仍然是世界上最接近成功的证明。

这里需要对“哥德巴赫猜想”做简要介绍。1742年，德国数学家哥德巴赫发现每个不小于6的偶数均是两个素数之和，比如6=3+3，8=5+3，10=5+5等等。后来他给数学家欧拉的信中谈到这一猜想。欧拉认为这一猜想可能是正确的，但是他也没给出证明。这就是著名的“哥德巴赫猜想”。到了1948年，一位匈牙利数学家给出了一个等价证

---

① 徐迟. 哥德巴赫猜想［J］. 人民文学，1978（1）.

明，即把哥德巴赫猜想转化为证明“每个大偶数等于一个素数和一个不超过几个素数乘积的数之和”，假设后者素数为P，则相当于证明大偶数 =（1+P）。这位匈牙利人证明了（1+6）。此后，中国数学家在证明中崭露头角、竞相争雄。1962年，山东大学的潘承洞、中科院数学所的王元和苏联的巴尔巴恩证明了（1+5）。1963年，潘承洞、王元证明了（1+4）。1965年，苏联和意大利的两位科学家证明了（1+3）。1966年，中科院数学所的陈景润证明了（1+2）。

陈景润1933年生于福建，毕业于厦门大学数理系。他在厦门大学图书馆作资料员期间，所发表的论文引起了数学家华罗庚的注意。1957年9月，在华罗庚的推荐下，他调到中科院数学研究所任实习研究员。在数学所期间，他在一间六平米的小屋住了很久。[①] 他从1963年开始钻研哥德巴赫猜想，经过三年努力，在1966年第9期《科学通报》上公布了（1+2）的结果。“文革”期间，陈景润遭受了批斗，曾经跳楼自杀，幸好被树枝托了一下，捡了一条命。

1966年之后，陈景润继续完善他的工作，直到1973年在《中国科学》第2期发表（1+2）的详细证明，这在国内外数学界引起反响，被认为是对哥德巴赫猜想研究的重大贡献。其结果也被国际数学界称为“陈氏定理”。[②] 据记者顾迈南回忆，陈景润的成果发表之后，毛泽东让国务院科教领导小组派人去看望他。那是1973年4月25日凌晨3点左右，顾迈南陪同中科院负责人武衡到了陈景润所住的宿舍楼，看望还在做研究的陈景润。听到敲门声，陈景润不敢开门，以为是“专政队”的人来了。顾迈南说明来意后，他才开门。[③]

---

① 旭翔. 走近陈景润［M］. 厦门：厦门大学出版社，1997：25.

② 数学家陈景润生平及其著作目录［M］// 朱立文. 碧海文丛（上册）. 北京：中国文化出版社，2011：289.

③ 顾迈南. 回忆对华罗庚和陈景润的采访［J］. 新闻爱好者，2002（6）.

作家徐迟在《哥德巴赫猜想》这篇报告文学作品中，把特定社会环境和特定人物的命运结合起来，又融入了作家震撼人心的文学感情。这就使《哥德巴赫猜想》的发表与由此激发的“科学热”成为了一个重要的科学传播现象。这篇报告文学何以让陈景润成了科学与献身的代名词、求知者的榜样和励志典型？一个重要原因是陈景润摘取科学“明珠”的事迹反映和适应了当时的时代潮流，与人们渴求科学知识的心态共鸣，与国家振兴科技和为知识分子正名的战略转变合拍。中国大地刮起了“陈景润旋风”，他的事迹成了改革开放之初鼓舞人们前进的精神动力。“学习陈景润，为四个现代化攀登科学高峰”成了亿万青少年的心声。科学家一夜之间成了最时髦的职业。①

1978 年全国科学大会期间，（左起）杨乐、张广厚、华罗庚、陈景润、陈德泉在一起。

四、国际交流与出国留学

文化大革命后期，国家努力调整外交战略。1972 年美国总统尼克

① 林承谟．陈景润的故事［M］．武汉：华中科技大学出版社，2013：99.

松、日本首相田中角荣相继访华之后，中国同西方国家和日本恢复正常科技交流与合作的问题提上了日程，中国与美国、德国等国家进行了科技交流的破冰之旅。1972 年 10 月 6 日至 12 月 16 日，中科院派出“文革”开始后的第一个中国科学家代表团。[①] 在贝时璋团长和白介夫副团长的率领下，代表团访问了英国、瑞典、加拿大和美国的 23 个城市及其附近地区，参观了 68 所大学、研究所和企业所属的研究单位，以及政府机构、学术团体、博物馆等，受到各国科学家的热情接待。1973 年 3 月 26 日至 4 月 7 日，英国工业技术展览会在北京展览馆举行，中英双方人员就 220 多个项目进行了技术座谈。[②]1974 年 4 月联邦德国马普学会主席吕斯特（F. Lüst）率领一个 8 人代表团访华，4 月 25 日与中科院副院长吴有训就共建平等伙伴关系、开展互利合作研究达成口头协议；同年 6 月，中科院副院长、北京大学校长周培源率中方代表团回访马普学会及其研究所。[③]

面对“文革”对科技造成的损失，邓小平复出后一再强调要学习外国的先进技术，以缩小同世界先进科学技术水平的差距。美国作为世界上科技和教育实力首屈一指的国家，无疑是邓小平最希望进行科技交流与合作的国家。从 1977 年 7 月到 1979 年初，在短短的一年半时间里，邓小平多次会见美籍华人科学家，其中有诺贝尔物理学奖得主李政道、杨振宁、丁肇中，数学家陈省身，物理学家吴健雄、袁家骝夫妇，高能加速器专家邓昌黎，等等。他恳请这些科学家利用极为有利的条件，帮助中国引进、发展先进科学技术，培养科技人才。但是这些个人性质的帮助和数量有限的人员交流，相对于中国现代化建设需要仍是杯水车薪。直到 1979 年《中美科技合作协定》的签署，中

① 樊洪业. 中国科学院编年史（1949-1999）[M]. 上海：上海科技教育出版社，1999：218.

② 徐新民. 科技外事风云录 [M]. 北京：科学技术文献出版社，2012：165.

③ 郭传杰. 发展合作网络，共创科技辉煌 [J]. 中国科学院院刊（英文版）中文特刊，2004：10-11.

美合作状况才发生较大改观。

1979 年 1 月 31 日，在访美期间，邓小平与美国总统卡特签署了《中美科技合作协定》。协定规定两国在平等、互惠和互利的基础上，在农业、能源、空间、卫生、环境、地学、机械等科技领域以及管理、教育和人员交流等方面进行合作。同时鼓励中美两国政府机构、大学以及其他组织机构之间的联系和合作，并建立科学技术合作联合委员会机制。30 多年来，中美两国在《中美科技合作协定》框架下共签署了近 50 个议定书，领域涉及能源、农业、环境、基础科学、科技信息和政策、地学等 20 多个领域。中美科技合作已成为中国与外国政府间在科技领域最大的合作机制，有力地推动了中国现代化的建设步伐。① 此外，中国与德国、英国、法国、日本、俄罗斯等国家也开展了广泛而深入的科技交流合作，为提升中国的科技水平、培养优秀人才和推进工业化等做出了重要贡献。

1978 年 6 月 23 日，邓小平在听取清华大学工作汇报时做出了扩大派遣留学生的重要指示。他说：“现在我们的格格太小，要千方百计加快步伐，路子要越走越宽。我们一方面要努力提高自己大学的水平，一方面派人出去学习，这样也可以有一个比较，看看我们自己的大学究竟办得如何。……这是五年内快见成效，提高我国水平的重要方法之一。要成千上万地派，不是只派十个八个。教育部要研究一下，花多少钱，值得。”邓小平的上述意见，使中国扩大派遣出国留学的大门被迅速打开，制订全方位扩大派遣公费留学人员的政策由此迅速落实。1978 年 12 月 26 日，首批由科技、教育工作者为主的 50 名访问学者赴美留学、进修，从此揭开了新中国向美国派遣留学人员的序幕。同一时期，中国还向欧洲国家、日本和其他许多国家派遣留学生，形成了

① 张静. 邓小平与中美科技合作的开展（1977-1979）[J]. 当代中国史研究，2014（3）.

留学大潮。除了政府公派留学生，自费留学也蔚然成风，规模空前。

从 1978 年公派留学的几百人，到 1981、1982 年的各近 3000 人，5 年内公派留学人员总共超过 9000 人。大批公费留学生和自费留学生学成回国后，在各自领域做出了突出贡献，为科研和教育水平的提升做出了重大贡献。①

1978–1982 年国家公派出国留学人员统计

年度	合计	研究生	访问学者（进修人员）	本科生
1978	314	5	229	80
1979	1277	113	987	177
1980	1862	202	1503	157
1981	2925	252	2459	214
1982	2801	924	1665	212
合计	9179	1496	6843	840

第二节　科技体制改革

1985 年，国家开启以改革拨款制度为起点的科技体制改革，以“稳住一头、放开一片”为指引，尝试通过改革运行机制、组织结构和人事制度，解决长期存在的科技、经济“两张皮”问题。随后，通过设立科学基金、建设开放实验室、实施“国家高技术研究发展计划”（863 计划）和“国家重点基础研究计划”（973 计划）等一系列举措，建立起开放、竞争的科研资助体系。并以中国科学院的知识创新工程为试点，开始构建国家科研创新体系。在“对外开放，走向世界”成为中国发展科学技术的一项长期基本国策的基础上，探索并形成全方位、多层次的国际科技交流与合作新格局。

---

① 苗丹国，杨晓京. 改革开放初期出国留学政策的形成与调整［J］. 广东社会科学，2008（5）；方惠坚，张思敬. 清华大学志（上）［M］. 北京：清华大学出版社，2001：751-752.

“863 计划”的提出者（左起）陈芳允、王大珩、杨嘉墀、王淦昌在一起

一、全面启动科技体制改革

科技体制改革以拨款制度为起点，试图打破计划经济时期形成的政府包办科技，解决科技和科技长期脱节等问题。随着改革的持续深入，一批应用开发类科研机构完成企业化转制，逐步建立起企业运行机制。基础类、公益类科研院所则通过分类改革，优化、精简机构和队伍得到精干，开始探索建立现代院所管理制度。

（一）以改革拨款制度为起点的科技体制改革

1985 年 3 月 7 日，邓小平在全国科技工作会议上发表题为《改革科技体制是为了解放生产力》的讲话，强调要通过解决体制问题，进一步解决长期存在的科技与经济脱节的问题。当年 3 月 13 日，中共中央作出《关于科学技术体制改革的决定》，要求科学技术工作必须服务于“振兴经济、实现四化”的中心，并对运行机制、组织结构和人事制度三方面进行改革。自此，从 1978 年以来科技界自发进行的、探索试点的科技体制改革进入有领导的全面展开阶段。

这次科技体制改革以改革拨款制度为起点。首先即根据科技活动特点与分工，对全国各类科研机构的科研事业费进行分类管理：对主要从事技术开发的机构在三到五年内逐年削减事业费，直至完全或基本停拨，让其通过技术合同等形式实现基本自给；对主要从事基础研究的机构实行基金制，国家只拨给一定额度的事业费；对从事社会公益性研究工作和农业科研工作的机构，仍由国家拨给事业费，实行经费包干制；对从事多种类型研究工作的机构，其经费来源视具体情况通过多种渠道解决。经费来源渠道的变化，改变了科研机构对行政主管部门的依附关系，从而推动机构为争取经费来源积极参与经济建设活动。

1987 年 1 月 20 日，国务院发布《关于进一步推进科技体制改革的若干规定》，强调“科技与生产脱节的状况并未从根本上扭转”，在分析科技体制存在的若干问题基础上，提出要“放活”科研机构和科技人员。次年 5 月 3 日，《国务院关于深化科技体制改革若干问题的决定》明确提出“科技长入经济”的改革思路，鼓励科研机构引入竞争机制，发展成新型的科研生产经营实体；鼓励科研机构和科研人员通过为社会创造财富和对科技进步做出贡献，来改善自身的工作条件和物质待遇。

（二）面向国民经济主战场与“中关村电子一条街”

国家科技体制改革的大背景下，1987 年初，出任中国科学院院长不久的周光召即提出将办院方针调整为“把主要的科技力量投入国民经济建设主战场，同时保持一支精干力量从事基础研究和高技术跟踪”。根据这一方针，1988 年 3 月，周光召在全国科技工作会议上发表的讲话中，提出“一院两制”的构想。[①]

---

① 樊洪业. 让历史告诉今天——中国科学院“办院方针”史事编年述要［J］. 科学新闻，2003（6）.

在此基础上，中国科学院加强研究所分类管理，并引入竞争机制，促进科研力量向研究与开发两个方向分流，形成新的技术开发体系，并发展出一批技工贸一体化的科技开发公司。

事实上，早在改革初期，中国科学院就开始积极探索和改革。1980年10月23日，中国科学院物理研究所研究员陈春先在考察美国“硅谷”和波士顿128号公路后，借鉴硅谷的新技术扩散模式，在中关村创办了国内第一家民营科技企业“北京等离子体学会先进技术发展服务部”，实行“不要国家编制，不要国家投资，自筹资金，自负盈亏，自担风险”的原则，以一种准企业的方式尝试将科技成果直接转化为现实生产力。此后，中国科学院科研人员走出研究所、利用技术“下海”创业的尝试渐成风气。1983年5月，在中国科学院和北京海淀区的共同投资、支持下，“科海新技术公司”创立。1983年7月，中国科学院计算所的王洪德等8名科技人员和海淀区联社联合，成立京海计算机机房技术开发公司。1984年5月，中国科学院计算中心万润南等几名科技人员走出研究所，向四季青乡借款2万元创办四通公司。1984年11月，中国科学院计算所、科仪厂和海淀区农工商总公司联合组建信通电脑公司。以“两海两通”的成立与发展为源头，技工贸一体化的“中关村电子一条街”逐渐兴起。

（三）科研机构管理体制改革与企业化转制

1992年8月，原国家科委和国家体改委联合发布《关于分流人才、调整结构、进一步深化科技体制改革的若干意见》，提出“稳住一头、放开一片”，即“稳定支持基础性研究和基础性技术工作；放开放活技术开发机构、社会公益机构、科技服务机构”。这不仅是分流人才、调整结构的基本思路，也是对中国科技系统结构的进一步改革。据此方针，中共中央进一步要求“使绝大多数技术开发和技术服务机构逐步由事业法人转变成企业法人”。

1999年2月，科技部和国家经济贸易委员会联合下发《关于国家经贸委管理的10个国家局所属科研机构管理体制改革的意见》等文件，对内贸局、煤炭局、机械局、冶金局、石化局、轻工局、纺织局、建材局、烟草局、有色金属局所属242个科研机构的管理体制改革提出具体方案，总体要求这些机构“从实际情况出发，自主选择改革方式，包括转变成科技型企业、整体或部分进入企业和转为技术服务与中介机构等。经国家批准继续保留事业单位性质的少数科研机构，也要引进科技型企业运行机制”。2000年5月，国务院办公厅转发科技部等《关于深化科研机构管理体制改革的实施意见》，进一步明确科研机构的分类改革方向：对技术开发类科研机构实行企业化转制，对社会公益类科研机构分不同情况实行改革。同年7月，科技部、中央机构编制委员会办公室、财政部等六个部门联合发布《关于印发建设部等11个部门（单位）所属134个科研机构转制方案的通知》，决定参照国家经贸委管理的10个国家局所属科研机构转制的有关政策，让上述科研院所与原来的主管部门脱钩，大部分进入企业、转成企业或中介服务机构，并从2000年10月1日起按新的机制和管理体制运行。

二、形成开放竞争的科研资助体系

计划经济时代，中国的科学研究活动纳入国民经济计划，实行事业单位拨款制和计划任务制。《关于科学技术体制改革的决定》出台后，在逐步改革研究机构拨款制度的基础上，引入国际通行的竞争机制。一方面，提出在基础研究和应用研究工作中逐步实行“择优支持”的基金制度；另一方面，开始实施国家科技计划，并逐步实行科技计划面向社会公开招标和签订承包合同的管理办法。

（一）设立科学基金

1981 年 5 月，由谢希德、曹天钦等人牵头，中国科学院 89 名学部委员在第四次学部委员大会期间联名致函中央领导人，建议借鉴发达国家的经验，设立面向全国的科学基金制。该建议在邓小平的直接关怀下迅速获批。1981 年 11 月 14 日，中国科学院科学基金设立，并成立了由卢嘉锡任主任、严东生和谢希德任副主任的中国科学院科学基金委员会及其工作机构，由国家财政专项拨款，资助基础研究和应用研究中的基础性工作。[①]

经过一段时间的试点和运行，中国科学院科学基金委员会围绕“科学基金升级”进行了深入讨论和调研，其研究结论经 1985 年 3 月在全国科技工作会议上报告后，被吸收进《关于科学技术体制改革的决定》。1986 年 2 月 14 日，国务院发布《关于成立国家自然科学基金委员会的通知》，决定成立国家自然科学基金委，并将其任务明确为“根据国家发展科学技术的方针、政策和规划，有效地运用科学基金，指导、协调和资助基础研究和部分应用研究，发现并培养人才，促进科学技术进步和经济社会发展”。

国家自然科学基金委最初下设 6 个科学部，即数理科学部、化学科学部、生命科学部、地球科学部、工程与材料科学部和信息科学部，又先后于 1996 年和 2009 年增设管理科学部和医学科学学部。

目前，国家自然科学基金已形成探索、人才、工具、融合四大系列组成的资助格局。探索系列主要包括面上项目、重点项目、应急管理项目等；人才系列主要包括青年科学基金、地区科学基金、优秀青年科学基金、国家杰出青年科学基金、创新研究群体、海外及港澳优

---

① 张存浩，郑永和. 回顾我国科学基金制的创立与发展［J］. 中国科学院院刊，1999（3）.

秀学者项目、外国青年学者研究基金等；工具系列主要包括国家重大科研仪器研制项目、相关基础数据与共享资源平台建设等；融合系列主要包括重大项目、重大研究计划、联合基金项目、国际合作项目、科学中心项目等。基金的年度批准资助经费也由成立之初的 1.09 亿元[①]增加到 2015 年的 222.3 亿元[②]。

此外，社会科学领域也设立了国家哲学社会科学基金，并于 1991 年 6 月成立全国哲学社会科学规划办公室负责其日常管理等工作。该基金的资助类型根据经济社会发展变化和哲学社会科学发展需要，进行适时调整和不断完善，目前共设有重大项目、年度项目、青年项目、后期资助项目、中华学术外译项目、西部项目、特别委托项目等项目类型。

（二）建立开放实验室

为了促进中国科学技术发展和高级专门人才培养，搞好科学技术储备，1984 年，国家计委决定，集中有限资源在自然科学的基础研究、部分应用研究的重要领域，在国家教委、中国科学院、卫生部、农牧渔业四个部门的所属高等学校、科学研究机构，重点投资装备一批重点实验室。国家重点实验室建立之初，即强调“开放共用”的原则，打破计划经济时期形成的部门分割、单位分割，实行开放、流动、联合的运行机制，开展多种方式的研究合作与交流。

1985 年 4 月 1 日，中国科学院院长办公会议讨论通过了《中国科学院开放研究实验室暂行管理办法》，明确提出在若干科学前沿和有广泛应用前景的学科领域内，选择一批研究所和基础较好的实验室对全

① 国家科技评估中心．科学基金资助与管理绩效国际评估综合证据报告［R］.［2016-12-15］. http://www.nsfc.gov.cn/Portals/0/fj/pgbg/fj20111102_02.pdf.

② 国家自然科学基金委员会 2015 年度报告［R］.［2016-12-15］. http://www.nsfc.gov.cn/nsfc/cen/ndbg/2015ndbg/05/01.html.

国开放，有条件时也将向国外开放。次年，《中国科学院开放研究室实验室管理办法》出台，确定将“国家计委在我院投资建设的国家重点实验室以及选择我院一批基础较好的研究实验室对国内外开放”，并设立开放研究实验室专项基金，引入竞争机制，实行择优支持和淘汰。仅1985年到1989年，中国科学院就开放了63个实验室、2个研究所和8个野外试验站。①

2008年，中央财政设立专项经费，支持国家重点实验室的开放运行等，同时也要求实验室加大开放力度，通过设立开放课题等形式，资助国内外学者和科技工作者来实验室开展研究工作。

（三）实施国家高技术研究发展计划（863计划）

1986年3月3日，在关注到美国“战略防御倡议”对世界各国引进的反应和采取的对策，认为中国也应该采取适当的对策的情况下，光学专家王大珩执笔，物理学家王淦昌、无线电电子学家陈芳允、航天技术及自动控制专家杨嘉墀联合签名，提出《关于跟踪研究外国战略性高技术发展的建议》。该报告和一封王大珩的亲笔信呈交给邓小平。3月5日，邓小平阅后当即批示，“这个建议十分重要，……找些专家和有关负责同志讨论，提出意见，以凭决策。此事宜速做出决断，不可拖延。”

1986年3月8日，国务院召集相关负责人，对建议进行充分讨论，决定由国家科委和国防科工委牵头组织讨论我国高技术发展计划的具体事宜。②从当年3月到8月，国务院先后召开7次会议，组织124位专家分成12个小组，进行反复探讨与论证，最终通过了《国家高技术研究发展计划纲要》（以下简称《纲要》），并很快得到邓小平的批示。

---

① 龚望生．中国科学院开放研究实验室（所、站）概况［J］．中国科学院院刊，1990（3）.
② 莫晓．“863”计划：改变中国的科技战略［J］．文史博览，2016（9）.

《纲要》于1986年10月在中共中央政治局召开的专门扩大会议上获得批准，成为中国唯一一个由中央政治局召开扩大会议通过的科技计划。同年11月18日，党中央、国务院正式转发《国家高技术研究发展计划（863计划）纲要》，决定在2000年之前为计划投入100亿人民币。①

由于四位科学家提交建议的时间和邓小平的批示时间都是1986年3月，所以，该计划又简称“863计划”。从1987年开始，“863计划”大致经历了三个阶段：

第一阶段：1987–2000年。“863计划”实行“军民结合，以民为主”的原则，坚持“有限目标，突出重点”的方针，最初选择生物、航天、信息、激光、自动化、能源、材料等7个技术领域的15个主题项目予以支持。1993年，通信技术作为一个主题列入计划。从1991年到1995年，水稻基因图谱、航空遥感实时传输系统、HJD–04E型大型数字程控交换机关键技术、超导技术和海洋技术陆续作为专项列入计划。1996年，经国家科技领导小组批准，海洋高技术成为计划的第8个领域。

第二阶段：2001–2005年。2000年12月21日，国务院召开第八次国家科教领导小组会议，决定在今后相当长的时间内继续实施“863计划”。在坚持原有计划的基础上，“863计划”将“发展具有自主知识产权的高技术，培育高技术产业生长点，力争实现跨越式发展，为实现国家第三步战略目标服务”。信息技术、生物和现代农业技术、新材料技术、先进制造与自动化技术、能源技术、资源环境技术、航天航空技术、先进防御技术等高技术领域的26个主题和若干重大专项成为支持和发展重点。

---

① 汝鹏，苏竣．科学家在中国科技决策中的影响力研究——以863计划为例［J］．中国软科学，2010（10）．

第三阶段：2006–2015年。2006年2月，《国家中长期科学和技术发展规划纲要（2006–2020年）》（以下简称《规划纲要》）发布，其中提出了若干前沿技术任务。“863计划”成为“统筹高技术的集成和应用，引领未来新兴产业发展的计划”，并“主要支持《规划纲要》提出的前沿技术和部分重点领域中的重大任务”。

（四）实施国家重点基础研究发展计划（973计划）

1997年3月，时任党和国家领导人李鹏、李岚清、宋健等人在参加全国政协八届五次会议的科技和科协组联席会议时，听取与会科学家代表的发言，提出制定“国家重点基础研究发展规划”的意见，“973计划”由此得名①。当年6月4日，原国家科技领导小组第三次会议决定尽快制定“国家重点基础研究发展规划”，“瞄准科学前沿和国家发展中的重大关键问题，重点选择对我国经济建设和社会发展有重大意义的基础研究领域，力争有所突破”。会上还决定国家单独拨款予以支持，确保规划顺利实施。②

此后，在科技部的牵头组织下，经过专家、政府管理部门的多轮深入调研和详细论证，“973计划”的主要任务、工作程序、具体工作安排等制度和规范逐步明确。为保证规划选题的科学性、民主性，还成立了由19位科学家组成的首届国家重点基础研究发展规划专家顾问组，并聘请周光召任组长，张存浩、马俊如任副组长③。经过近一年的领域研讨和项目评审，1998年12月15日，科技部公布“973计划”首批15个立项项目，并决定以五年为周期，对所立项目给予稳定支持，五年之后，项目若经过评审可以继续给予支持。

---

① 国家重点基础研究发展计划（973计划）大事记. 中国基础科学［J］.2008（5）.

② 国家重点基础研究发展计划（973计划）［EB/OL］.［2016-12-20］http://www.hprc.org.cn/gsgl/dsnb/zdsj/200911/t20091129_37188.html.

③ 1998年3月10日，中华人民共和国科学技术委员会更名为中华人民共和国科学技术部.

"973计划"以国家重大需求为导向，旨在解决我国经济建设、社会发展、国家安全和科技发展中的重大科学问题，在世界科学发展的主流方向上取得一批具有重大影响的原始性创新成果，为国民经济和社会可持续发展提供科学基础，为未来高新技术的形成提供源头创新，提升我国基础研究自主创新能力。[①] 计划以重大项目方式组织实施，在一些重要方向部署重大科学目标导向项目，项目由若干课题组成。最初重点支持农业、能源、信息、资源环境、人口与健康和材料六个对经济建设和社会发展有重大意义的领域，以后又增加了综合交叉、重要科学前沿和制造与工程等领域。2005年1月，"973计划"增设中医理论和重要传染疾病基础研究专项。此后，又陆续启动蛋白质、量子调控、纳米、发育与生殖、干细胞、全球变化等多个重大科学研究计划。

2014年12月3日，国务院印发《关于深化中央财政科技计划（专项、基金等）管理改革的方案》，提出通过撤销、并、转等方式，对现有科技计划（专项、基金）等进行整合，并最终形成国家自然科学基金、国家科技重大专项、国家重点研发计划、技术创新引导专项（基金）、基地和人才专项五类科技计划（专项、基金等）。

三、构建国家科研创新体系

上世纪八九十年代，在经济、科技体制改革的推动下，中国科学院提出"一院两制"的改革模式，即根据不同的特点和发展规律，对院内的研究工作和开发工作，采取不同的评价标准和方法，采取不同的运行机制、管理模式和管理体制。[②] 在此基础上，通过采取方向任务

---

① 周光召. 973计划十年[J]. 前沿科学，2007（3）.

② 周光召. 关于"一院两制"的战略思考[J]. 中国科技论坛，1989（1）.

调整、研究所撤并或新建、人员重组、经费调整等结构性调整举措，院内科学研究力量得以优化，一些有应用开发能力的研究机构则走向市场。这一阶段的积极探索，为全国科研机构分类改革提供了参考样本，也为后来国家科研创新体系建设积攒了经验。

（一）知识创新工程

1997 年 12 月 9 日，中国科学院向中共中央、国务院提交《迎接知识经济时代，建设国家创新体系》的研究报告。该报告系统分析了世界知识经济发展态势及其对中国的挑战，提出了建设面向 21 世纪的中国国家创新体系的思路与新时期中国科学院的战略选择，建议国家组织实施“知识创新工程”。 1998 年 2 月 4 日，江泽民主席对此做出重要批示，指出，知识经济、创新意识对于我们 21 世纪的发展至关重要。科学院提出了一些设想，又有一支队伍，可以支持科学院搞些试点，先走一步。真正搞出我们自己的创新体系[①]。

1998 年 6 月 9 日，朱镕基总理主持召开国家科技教育领导小组会议，审议并原则通过了《关于“知识创新工程”试点的汇报提纲》，决定由中国科学院作为国家创新体系建设的试点，率先启动知识创新工程试点工作。路甬祥院长主持制定的知识创新工程试点总体目标是：到 2010 年前后，把中国科学院建设成为瞄准国家战略目标和国际科技前沿、具有强大和持续创新能力的国家自然科学和高技术的知识创新中心；成为具有国际先进水平的科学研究基地、培养造就高级科技人才的基地和促进我国高技术产业发展的基地；成为有国际影响的国家科技知识库、科学思想库和科技人才库。

根据这一目标，中国科学院提出面向知识创新的发展设想：“一个

① 中国科学院．中国特色国家创新体系建设的成功实践——知识创新工程（1998-2010）评估报告［M］. 北京：科学出版社，2012.

中心”——具有国际先进水平的国家自然科学和高技术的知识创新中心。“两个组成部分”——一批国家科研机构和由中国科学院院士组成的国家科学技术方面的最高咨询机构。“三大主要功能”——知识创新为主，知识传播和知识转移并重。“四个方面的战略重点”——基础研究、战略性研究、国家重大科技任务、科技咨询与服务。

试点工作分三个阶段进行:（1）启动阶段（1998–2000 年），基本完成 8 个知识创新基地建设试点工作，在试点单位建立现代院所管理制度，努力把试点单位建设成为代表中国科学水平的，面向 21 世纪的国家知识创新基地。（2）全面推进阶段（2001–2005），全面展开，基本完成国家创新系统科学院部分及运行机制建设，形成国家科研机构新体制和现代科研院所制度。（3）优化完善阶段（2006–2010 年），优化、完善国家创新系统科学院部分及运行机制，大幅度增强创新意识和提高创新能力。

1998 年 11 月 24 日，中国科学院大连化学物理研究所成为第一个启动知识创新工程试点的研究所。截至 2010 年，经过新建、重组、更名、转制等，中国科学院院属法人研究机构由 1997 年的 123 个调整为 99 个。知识创新工程实施过程中，中国科学院在科技布局、人事制度、资源配置模式、科技评价与奖励制度等方面进行了大规模、深层次的改革，初步建立起适应科技发展规律和中国国情的现代院所制度，也为中国科技发展、科技体制改革和国家创新体系建设积累了经验。

（二）“创新 2020”和“三位一体”

2007 年，为了开启知识创新工程新阶段，中国科学院组织开展了面向 2050 年我国科技发展战略研究，在此基础上，研究制定了《知识创新工程 2020——科技创新跨越方案》（简称“创新 2020”）。2010 年 3 月 31 日国务院第 105 次常务会议审议通过“创新 2020”，决定 2011 至

2020 年在中国科学院继续深入实施知识创新工程，着力解决关系国家长远发展的重大科技问题。

为构建“创新 2020”跨越发展体系，实现出成果、出人才、出思想的战略使命，中国科学院提出了科研院所、学部、教育机构“三位一体”的发展架构。2012 年，中国科学院研究生院更名为中国科学院大学，中国科学院与上海市共建上海科技大学。在中国科学院所属的三所大学中，中国科技大学实行“所系结合、全院办校”，中国科学院大学实行“三统一、四融合”，上海科技大学实行“院地合作、共同办学”，各有侧重、各具特色。中国科学院院长白春礼强调，“建制化的科研院所、凝聚全国高端智力的院士群体、科教融合的研究生队伍，不仅是中科院不可分割的组成部分，也是我们的特色优势所在。”

（三）“四个率先”和研究所分类改革

2013 年 7 月 17 日，习近平总书记视察中国科学院并发表重要讲话，要求科学院“率先实现科学技术跨越发展，率先建成国家创新人才高地，率先建成国家高水平科技智库，率先建设国际一流科研机构”。“四个率先”为中国科学院新时期改革创新发展指明了方向。在此基础上，中国科学院研究制定了《“率先行动”计划暨全面深化改革纲要》（简称“率先行动”计划），并于 2014 年 7 月 7 日经国家科技体制改革和创新体系建设领导小组第七次会议审议通过。

“率先行动”计划是“创新 2020”的延伸和发展，它着眼于国家“两个一百年”的战略目标，提出“两步走”发展战略，包括五个方面共 25 条主要改革发展举措。一是以推进研究所分类改革为突破口，明确定位，创新体制，整合机构，强身健体，构建适应国家发展要求、有利于重大成果产出的现代科研院所治理体系。二是以调整优化科研布局为着力点，进一步把重点科研力量集中到国家战略需求和世界科技前沿，聚焦重点，协同创新，引领跨越，支撑发展。三是深化人才人事制度改革，建设国家创新人才高地。四是探索智库建设新体制，建设国家高水平科技智库。五是深入实施开放兴院战略，全面扩大开放合作，提升科技服务和支撑能力。

2014年11月，根据“率先行动”计划的要求，中国科学院按照创新研究院、卓越创新中心、大科学研究中心、特色研究所等四种类型，从组织模式、资源配置方式、人才人事制度、评价制度等方面，对现有科研机构进行分类改革。

四、加强国际科技交流与合作

1985年，《关于科学技术体制改革的决定》将“对外开放，走向世界”作为我国发展科学技术的一项长期的基本国策，据此，中国的国际科技合作与交流工作坚持“引进来”与“走出去”相结合原则，遵循“互利互惠、合理分享”的国际惯例，形成了“以我为主、为我所用、互利共赢”和开放式自主创新的理念。截至2016年，中国已与158个国家和地区建立科技合作关系，签订了110个政府间的科技合作协定，形成了中国与非洲、与东盟等的科技合作，以及中国与美、俄、欧对话合作机制，中国参与国际大科学工程等全方位、多层次的国际科技合作新格局。①

（一）大力参与国际大科学工程和重大科技计划

在政府的大力支持下，中国积极参与到国际大科学工程和重大科技计划研究开发活动中，鼓励科学家快速接触科技前沿，分享世界先进科技研发成果与理论。如，中国科研组织、科学家以不同形式和程

① 阴和俊. 国家科技创新需要深化国际合作［J］. 河南科技，2016（18）：5.

度参与国际热核聚变实验堆（ITER）、LHC 大型强子对撞机、国际反质子与离子研究装置（FAIR）、国际空间站——阿尔法磁谱仪（AMS）、国际综合大洋钻探计划（IODP）、人类基因组计划、人类蛋白质组计划、人类脑计划等，在更深层次参与全球科技合作与竞争，也为世界科技发展做出贡献。

（二）与发达国家共建联合研究基地

仅以中国科学院为例，就与法国、俄罗斯、德国、美国等国家的科研机构、大学和企业共建了多个联合实验室、联合研究所。如与德国马普学会建立“伙伴研究所”和“青年科学家小组”等；与法国国立信息与自动化研究院合作，共建首个中法联合实验室——中法信息自动化与应用数学联合实验室；与俄罗斯科学院合作，以“双基地”形式创建了中俄两院“空间天气联合研究中心”；与法国巴斯德研究所、上海市政府合作，成立首个中外联合研究所“中国科学院上海巴斯德研究所”；与美国卡弗里基金会合作，创立“中国科学院卡弗里理论物理研究所”。[①]

（三）设立国家、部委层面的国际科技合作项目

中国政府于 2001 年设立“国家国际科技合作专项”，该专项以“项目—人才—基地”相结合的形式，旨在通过统筹、整合中国产学研的科技力量，广泛、深入地开展国际科技合作与交流，有效利用全球科技资源，提高科技创新能力。仅 2015 年度，该专项就支持 414 个项目，中央财政支持经费达 11.98 亿元，引导社会投入资金 25.67 亿元。[②]国家自然科学基金委员会也涉及国际合作资助，在经历不断演变之后，

① 中国科学院．中国特色国家创新体系建设的成功实践——知识创新工程（1998-2010）评估报告［M］. 北京：科学出版社，2012：185-187.

② 国家国际科技合作与交流专项 2015 年度报告［EB/OL］.［2016-12-20］.http://www.istcp.org.cn/Detail-552.html.

形成了以合作交流项目为基础、合作研究为主体，包括国际（地区）合作研究项目、国际（地区）合作交流项目和外国青年学者研究基金项目的科学基金国际（地区）合作资助体系。

（四）大力推进人才国际化

通过开展国际科技合作，中国加大对高层次领军人才及创新人才的引进和培养力度，大力推进人才国际化。2008 年，在国家层面启动了海外高层次人才引进计划（简称“千人计划”），并逐步拓展为“顶尖千人”、“短期千人”、“外专千人”、“青年千人”等，覆盖不同专业领域、不同年龄阶段和梯次配置的高层次科技人才引进项目体系。

教育部继续实施“教育部资助留学人员短期回国工作专项经费”（又称“春晖计划”）、启动项目、人才、基地三位一体的“高等学校学科创新引智计划”（又称“111 计划”），并从 2011 年实行新的“长江学者奖励计划”。

中国科学院以合作研究、基金资助、团队引进等多种形式吸引海外人才为我服务。实施新“百人计划”，面向海外公开招聘学术帅才、技术英才和青年俊才；并继续推进“国际人才计划”，建立与海外人才长期合作联络机制。

（五）积极参加国际科技组织并任职

1986 年 4 月，国家科学技术委员会、外交部发布《关于参加国际科技组织的若干规定》，鼓励从中国科技发展的实际需要出发，积极慎重而有选择地参加一些国际科技组织。近年来，中国优秀科学家纷纷入选重要国际组织，甚至担任其中的重要职务。据不完全统计，截止到 2011 年，中国科学院有 200 多人在国际组织中担任重要职务。中国科协推荐了 317 名中国科学家在国际民间科技组织任职，其中主席 17 人，副主席 30 人，担任执委或具有决策职务的 110 人。中国科学家还担任了地球观测组织联合主席、第三世界妇女科学组织主席、国际科技数据委员会主席、国际空间研究委员会副主席等重要职务。[①]

2012年9月，中国科学院白春礼院长当选为发展中国家科学院（TWAS）新一任院长，为我国我院依托TWAS平台、加强与发展中国家的科技合作奠定了基础和提供了契机，有力地服务了我国我院“一带一路”重大倡议的实施。

（六）奖励国际科技合作贡献

通过设立中华人民共和国国际科学技术合作奖、国家友谊奖、中国科学院国际合作奖等奖项，鼓励和吸引更多国际同行积极参与中国的国际科技合作。

1991年国务院授权国家外国专家局恢复设立中国政府“友谊奖”[②]，旨在表彰在中国现代化建设和改革开放事业中，做出突出贡献的外国专家。1994年国务院又设立中华人民共和国国际科学技术合作奖，1995年正式授奖，1999年成为国务院设立的五大奖项之一。奖励在双边或者多边科技合作中对中国科学技术事业做出重要贡献的外国科学家、工程技术人员、科技管理专家或组织。2007年中国科学院设立中国科学院国际科技合作奖，奖励在推动国际科研组织与中国科学院开展国际合作，为中国科学院传授学术知识和方法、解决科技管理问题，培育人和引进人才，参与大科学工程建设、运行与管理和大科学计划策划、组织与实施等四方面做出突出贡献的高水平外籍科技与管理专家。

从2000年发布第一个国际科技合作发展规划——《“十五”期间国际科技合作发展纲要》起，中国政府已先后发布三期国际科技合

① 张梦然，张巍巍．这十年，国际科技合作新突破［J］．科技传播，2012（22）：12-13.
② 该奖前身是20世纪50年代为鼓励来华工作的苏联和东欧等国的专家而设立的奖项。

作“五年”规划，从战略定位、内容和形式、重点任务等方面对国际科技交流与合作进行全面部署。2013 年，习近平在出访中亚和东南亚国家期间，先后提出共建“丝绸之路经济带”和“21 世纪海上丝绸之路”(以下简称“一带一路”)的重大倡议。随着《推动共建丝绸之路经济带和 21 世纪海上丝绸之路的愿景与行动》的发布，“一带一路”战略的合作框架和思路得到明确。在遵循其提出的“共商、共建、共享”、“开放包容”、“优势互补”等原则下，中国提出将与沿线国家加强科技合作，未来将通过共建联合实验室(研究中心)、国际技术转移中心、海上合作中心，促进科技人员交流，合作开展重大科技攻关，共同提升科技创新能力。

中国科学院及时制定实施“一带一路”国际科技合作行动方案；及时组织国家实验室国际研讨会，在关键的时间节点发挥院重大战略咨询作用，并率先组织召开的“一带一路”科技创新国际研讨会，不仅取得了巨大的成功，得到了国际社会和国家的高度认可，更为中国科技界切实服务“一带一路”重大战略部署构建了国际组织机制和国际网络平台。

中国科学院自 2013 年开始建设海外科教基地，率先实现中国科技“走出去”，为服务科研创新和国家战略需求发挥着重要的作用。中国与欧美等科技发达国家的科技合作呈现机制化、多样化发展趋势，机构间合作日趋活跃，诸多国际知名科研机构与中国合作热情空前高涨。

第三节　技术引进与创新

改革开放之初，中国的技术引进主要通过引进生产线和生产设备，以填补中国装备制造和耐用消费品（如家电）等行业的技术空白。此后，顺应世界范围内产业结构调整和产业转移的趋势，转向主要通过利用外商直接投资，扩大生产能力，提高工业技术水平。这些年已逐渐成为“中国名片”的高铁便是在引进基础上消化吸收再创新的典型。在民营企业中，“联想”和“华为”诠释了不同的创新理念。此外，袁隆平发明的杂交水稻技术和李振声研究的小麦远缘杂交技术，不但解决了中国人的吃饭问题，也为世界的粮食生产做出了巨大贡献。

一、家电、轿车与高铁

人们在谈论生活水平的高低时，常以日用品和交通为例。1980 年代，虽然中国多数家庭没有电视机，全国轿车年产不足 5000 辆，但是年轻的小夫妻所期盼的“三大件”——自行车、手表、缝纫机已成为生活的必备品。当时乘火车从北京到上海，1400 余公里需用时约 17 小时。90 年代，家电“四大件”——即电视机、电冰箱、洗衣机、电风扇，已是家中的寻常之物，轿车的年产量近 50 万辆，京沪铁路通勤时间缩短至 14 小时左右。进入 21 世纪，大屏幕液晶电视、空调、移动电脑和手机在普通人家已司空见惯。据统计，2016 年中国家电产量占全球 84%，汽车产量达 2500 余万辆，私家车保有量超 1.2 亿，京沪高速铁路（以下简称高铁）全程只需 5–6 个小时。家电、轿车与高铁，是中国人生活水平迅速提高的标志，也是中国制造业快速发展的缩影。它们的发展都受益于技术引进与消化吸收的国策。

（一）家电

1980–90 年代，中国家电产业高速增长，经历了引进设备的本土化生产、消化吸收、改进创新三个阶段。

改革开放之初，相对完整的工业基础、庞大的劳动力资源与旺盛的需求刺激了家电业的兴盛。当时中国企业不能生产电视零部件，厂家采取 CKD 的方式买进生产线或电视生产成套设备，全套散件组装。至 1985 年，通过引进的 113 条生产线，企业掌握了装配生产和调试技术。1980 年代后期，为降低成本，提高国产化率，中国企业主要采取技术引进与合资建厂等方式，消化吸收欧、美、日的电子元器件生产技术，从非关键元器件开始，至显像管与机芯等核心零部件，逐步实现电视机的国产化。1990 年代，国产电视机制造商尝试局部的技术改进，例如增加 AV 端子和多频道接收等。至 90 年底，中国大约进口了 166 条彩电生产线，由于市场容量有限，实际开工率只有一半，经济代价沉重。企业一方面大打价格战，另一方面开始技术创新，如研发背投电视、声控电视和音响电视等。这一时期，企业树立质量至上的意识，引入国际质量控制体系，提高产品质量，增强竞争力。

电视机、洗衣机、电冰箱、空调、微波炉等大多经历了相近的过程。家电是中国较早引入市场化机制的产业，从引进技术到规模化创新，大约用了发达国家一半的时间。至 21 世纪初，海尔、美的、格力、格兰仕和海信等一批世界级的企业，已经开始向国外出口家电技术。

家电是国际化竞争激烈的领域。1990 年代全球领先的家电跨国集团多数在华建有合资厂。据 WTO 统计，仅 1998 年，其中的 60 家合资企业就生产了全球 10% 的家电产品，而中国在高端元器件和技术标准方面的竞争力仍很有限。海尔等已启动国际化战略，建立国际研发中心，并与国外厂商组成技术联盟。此外以互联网与智能家电为突破口，中国家电企业已投入到新一轮的创新之中。

（二）轿车

30 年前，拥有私家轿车仍是普通中国人的奢望。其实，汽车不晚于1901年即来到中国，此后不断有各式车辆出现。1920年代，美、欧批量生产汽车，中国工厂也试图自造，但是碍于基础工业薄弱，仅试制、组装少量简易汽车。1950–60年代苏联技术向中国转移，以苏联援建的中国第一汽车制造厂（以下简称一汽）为代表，在引进、消化吸收的基础上，形成汽车工业的技术基础。1958年一汽试制轿车成功，随后又有几家厂也做了尝试。这是中国自制轿车的起步阶段。然而，在此后的二十多年里，中型载货车才是中国汽车业的最主要产品。

自1980年代，轿车的需求得以释放。发展的思路是“以市场换技术”——通过开放国内市场，吸引国际知名汽车公司投资和技术转移；通过进口散件组装和进口关键设备，掌握总装技术和制造技术。最典型的是上海与德国合资成立的上海大众汽车有限公司。从1982年该公司成立数年之间，生产的桑塔纳轿车即在中国家喻户晓。1997年，该公司达到年产30万辆整车与33万台发动机的生产能力。同时，配套零部件企业得以发展，研发能力也迅速提高。大众的研发部门一改过去隶属于政府部门的状况，划拨给企业后成立综合性的产品研发和设计机构。与上海大众类似，北京吉普汽车有限公司、广州标致汽车公司、一汽大众汽车有限公司、神龙汽车有限公司，天津夏利、长安铃木、贵州云雀等合资项目等也相继设立，并组建了各自的综合研发部门，面向市场机制运作，做好技术引进与消化吸收。中国在1997年已建成年产轿车48.8万辆的技术能力，系统掌握了整车的冲压、装焊、涂装和总装四大工艺生产能力，发动机的铸造、机加工、热处理和装配四大工艺生产能力，并拥有各类机器人和系列大型精密设备，形成了完整的汽车制造技术体系。

1990年代后期，轿车业加速开放，合资与技术转移的范围进一步扩大。例如美国通用、福特，日本丰田、本田、德国宝马、奔驰国际汽车巨头等纷纷在华设立合资企业。值得注意的是，中国本土企业与民营汽车企业的崛起。如奇瑞、吉利、北汽福田、万向、潍柴等本土企业迅速崛起，他们拥有国家级的实验室与技术中心，进一步提升了本土的技术水准，也成长为全球汽车零部件及整车制造与供应的重要厂商。当前，中国汽车技术正面临产业升级的考验，必须解决新能源、清洁环保、智能驾驶和更加安全等诸多方面挑战。

（三）高铁

1876年，英国人在上海主导修建了吴淞铁路。这条15公里的窄轨铁路，是中国第一条铁路，但建成后第二年就被迫拆除了，原因是当地人的强烈反对。140年后，中国铁路营业里程达12.4万公里，其中高铁2万公里，占全球高铁总里程65%。现在，不少地方出现了“高铁争夺战”，目的是为了搭上高铁的“经济快车”。

高铁堪称技术引进带动技术创新的奇迹，引领了中国交通的一次变革。中国幅员辽阔、人口众多，铁路曾是经济与社会发展的“瓶颈”。1991年，高速铁路技术列入国家科技攻关的重点课题，力图攻克线路、机车车辆等技术环节。当时，日本、德国、法国等都有各自的高铁技术，而1964年通车的日本新干线更是世界第一条高速铁路。不过，已有的高铁技术并不能完全适合中国线路更长、速度更快、路网复杂、客流密集的需要。中国企业与科研机构采取技术贸易的方式，分别向加拿大庞巴迪、日本川崎重工、法国阿尔斯通和德国西门子引进技术，联合设计生产中国的高速动车组。

中国铁路技术发展虽快，却并非一蹴而就。1998年起，中国人先后进行了广深铁路提速改造，修建了秦沈客运专线，实施了既有线路铁路的六次大提速等。2002年建成了速度200公里/小时秦皇岛至沈阳间的客运专线，完全由中国设计、施工。在消化吸收的基础上，中国企业掌握了总成、转向架、车体、牵引电机、牵引变压器、牵引变流器、牵引控制、网络控制系统和制动系统等高速动车组的核心技术，并有所创新。2002 年自主研制的“中华之星”电动车组速度可达 321.5 公里 / 小时，8 年后的 CRH380A 新一代高速动车跑出 486 公里 / 小时的世界纪录。CRH380A 还通过了美国的知识产权评估，拥有完全的自主产权。

不仅是动车组，中国铁路在高速铁路的工务工程、高速列车、通信信号、牵引供电、运营管理、安全监控、系统集成等技术领域，也取得了系列重大成果，形成了具有中国特色的高铁技术体系，总体技术水平进入世界先进行列。中国高铁已成为“中国创造”、“中国制造”和“走出去”的名片。其快速发展的原因在于社会需求旺盛，国家经济良性发展，完整的产业链与强大的研发、制造和施工能力利于消化吸收与技术创新。

京广线上行进的高铁

不难看出，中国的家电、轿车与高铁的发展，既是当今的全球化、国际技术溢出、技术转移和国际分工结构调整的结果，也是中国这样的后发国家通过知识积累、技术的引进与消化吸收、参与国际竞争的结果。30 余年来，中国的技术进步不仅显著促进了本国的经济增长，改善了本国居民的生活质量，而且也向全世界提供了丰富的产品，中国制造业对全球增长的贡献已获越来越多的承认。

我们必须注意到，伴随着中国制造业和工业的崛起，煤炭、石油、水泥、矿石的消耗居高不下，中国人比以往任何时候都关注环境与生态的问题，重视生活品质的提高。中国科技的新发展与产业的进一步升级势在必行。

二、载人航天和探月工程

（一）载人航天

中国导弹与航天技术发展始于1956年。在改革开放以前，导弹与航天技术在各个方面都取得了重大进步：研制成功近程、中程和洲际导弹；研制出长征一号、长征二号和风暴一号运载火箭；共进行了11次卫星发射。1971年还启动了载人航天计划，开始研制“曙光号”载人飞船。到1974年该计划中止时，已取得一些进展，包括高空生物实验、航天员选拔、航天医学研究以及实验设备研制。1984年研制成功长征三号运载火箭，发射成功东方红二号通信卫星。1992年，载人航天工程（921工程）正式开始实施。经过十几年的努力，中国在载人航天领域取得举世瞩目的巨大成就，成为继苏（俄）、美之后世界第三个载人航天大国。

1. 实施载人航天工程

中国载人航天工程前期主要包括七大系统，分别是航天员系统、飞船应用系统、载人飞船系统、运载火箭系统、发射场系统、测控系统和返回着陆场系统。进入第二阶段后，又增加了空间实验室系统，形成了八大系统。其中飞船与运载火箭研制是重中之重的任务。王永志为载人航天工程总设计师。2003年10月，第一次载人飞行成功实施后，经过全系统总结，凝练出“特别能吃苦、特别能战斗、特别能攻关、特别能奉献”的载人航天精神。

（1）工程研制和设施建设

“神舟号”载人飞船是一种卫星式飞船，采用三舱一段（即轨道舱、返回舱、推进舱和附加段）构型，装有两对太阳能电池翼。在完成主要任务后可将轨道舱留在轨道上数个月，继续进行空间科学探测和技术试验。神舟飞船总长度约为7.48–8.65米，发射质量约为7.8吨，返回舱可搭乘1–3名航天员。神舟飞船1995年完成了总体技术方案设计，1998年完成了火箭–飞船–发射场的合练及分系统试验。长征二号F是在长征二号E基础上研制的，增加了逃逸系统和故障检测处理系统两个新系统。火箭全长58.343米，起飞质量479.8吨，起飞推力604.4吨，近地轨道运载能力为8.4吨。飞船—火箭系统总可靠性达到0.997。

“921工程”实施后，酒泉航天发射中心新建了载人航天组装测试发射设施。除载人飞船、运载火箭和发射场系统外，“921工程”中的航天员系统、空间应用系统、测控通信系统、着陆场系统建设工作也都在紧锣密鼓地分工开展。

（2）神舟飞船不载人发射

1999–2003年，“神舟号”飞船共进行了四次不载人发射，对飞船和火箭系统以及发射与运行进行全面考核。1999年11月20日–21日，神舟一号飞船在地球轨道上飞行了14圈、21小时。2001年1月10–16日，神舟二号飞船绕地球飞行6天18小时，开展了空间材料科学、空间生命科学实验，以及空间天文观测和空间环境监测。2002年3月25日–4月1日，神舟三号飞船绕地球飞行持续6天18小时，主要进行了空间材料科学、空间生命科学实验，同时利用中分辨率成像光谱仪、地球环境探测设备开展了遥感对地观测试验。2002年12月30日–2003

年1月5日，神舟四号绕地球飞行6天零18小时，主要进行了微重力流体科学和空间生物技术研究实验，同时开展了微波遥感对地观测试验。四次发射全面考核了飞船、火箭系统的发射、入轨，飞船系统的制导与控制、返回制动、分离解锁、返回着陆和防热技术，以及飞船内部的生命保障系统。同时，搭载实验仪器进行了大量科学实验、技术试验和对地观测等。

2. 第一阶段载人航天飞行

2003年10月15日9时，神舟五号载人飞船在酒泉卫星发射中心发射升空，把中国首位航天员杨利伟准确送上预定轨道，实现了中华民族的千年飞天梦想。10月16日，飞船在太空中围绕地球飞行14圈后，顺利降落在内蒙古四子王旗北部草原的主着陆场上。从神舟五号到神舟七号的载人飞行，属于中国载人航天工程的第一阶段。神舟五号首次载人太空飞行的成功，标志着中国载人航天技术取得历史性的重大突破，中国成为世界上第三个能够独立开展载人航天活动的国家。2005年10月12日上午9时，神舟六号飞船载着费俊龙和聂海胜发射升空，在轨开展了对地观测试验。10月17日，神舟六号返回舱安全返回，共计飞行115小时32分钟。完成了预定的飞船环境测试、飞行过程控制和空间应用任务。2008年9月25日，神舟七号飞船搭载翟志刚（指令长）、刘伯明和景海鹏发射，9月28日成功返回，历时2天20小时27分钟。飞行过程最重要的任务是实施航天员空间出舱活动，突破和掌握出舱活动相关技术。同时完成在轨道上释放卫星伴飞、开展固体润滑材料外太空暴露试验和卫星数据中继技术试验。航天员出舱活动和释放伴随卫星，是中国载人航天工程新的突破，对于后续任务意义重大。

3. 第二阶段载人航天飞行

神舟五号、六号和七号是中国载人航天工程第一阶段任务，此后是第二阶段任务，即发射和运行空间实验室。这期间，天宫号试验室共发射了 2 艘，神舟飞船发射了 4 艘。

（1）天宫号空间实验室

天宫一号是中国第一个目标飞行器和空间实验室，于 2011 年 9 月 29 日 21 时 16 分 3 秒发射进入近地轨道。天宫一号全长 10.4 米，最大直径 3.35 米，由实验舱和资源舱构成，发射质量约 8.5 吨。实验舱又分为前锥段、柱段和后锥段，其中前两部分为增压舱，可支持 3 名航天员的工作和生活。后锥段和资源舱安装各类支持设备和实验装置。天宫一号上利用高光谱成像仪开展了综合对地观测，获取了大批高质量数据，在资源调查、农业估产、灾害监测等方面获得大量应用，取得显著应用效益。

天宫二号是中国第一个真正的空间实验室，安排了空间冷原子钟、综合材料实验研究、高等植物培养实验、宽波段光谱成像仪、三维成像微波高度计、伴随卫星试验等 14 项科学与应用项目和航天医学实验。2016 年 9 月 15 日 22 时 04 分，天宫二号发射升空。经过多次轨道控制，于 9 月 25 日调整至距地面 393 千米的停泊轨道，等待与飞船对接。

（2）神舟飞船的对接飞行

2011 年 11 月 1 日，神舟八号飞船进行不载人发射。两天后即 11 月 3 日神舟八号与天宫一号进行了自动交会对接。11 月 14 日，神舟八号又与天宫一号进行了第二次自动对接。在神舟八号上开展了 17 项中德合作的空间生命科学实验，于 17 日返回地面。此次飞行考核检验了航天器交会对接系统和对接机构的功能与性能。2012 年 6 月 16–29 日，神舟九号飞船乘载景海鹏、刘旺和刘洋进行首次有人对接飞行。6 月 18 日，神舟九号与天宫一号成功实现自动交会对接；6 月 24 日，又进行了手动对接。组合体飞行期间，航天员在轨正常工作和生活，开展了一系列的空间科学实验和技术试验。2013 年 6 月 11–25 日，神舟十号飞船再次进行与天宫一号的对接飞行。航天员是聂海胜、张晓光、王亚平。飞行期间完成与天宫一号的对接和提供载荷往返运输服务，进一步考核组合体对航天员生活、工作和健康的保障能力；开展了空间科学实验；航天员进行了太空授课活动。2016 年 10 月 17 日 –11 月 18 日，神舟十一号与天宫二号进行对接飞行。景海鹏、陈冬除操纵飞船与天宫二号进行自动和手动对接、在轨释放卫星外，还进行了为期 30 天的中期驻留，考核面向长期飞行的乘员生活、健康和工作保障等相关技术；开展航天医学、空间科学和空间技术等试验。4 次对接天宫号空间实验室的飞行均圆满成功。

神州九号与天宫一号自动对接成功

4. 未来空间站设想

到 2016 年底，中国载人航天工程“三步走”发展战略已经完成了前两步，实现了中国航天员首航太空的梦想。在技术上，完成了飞船的不载人发射、载人发射、航天员舱外活动、航天器交会对接、空间实验室驻留和运行、在轨释放卫星以及开展有人照料的空间科学与应用任务。这期间，中国共发射了 5 艘不载人飞船、6 艘载人飞船、2 艘空间实验室，11 名航天员完成了 14 次航天飞行。2010 年 9 月，中国政府批准正式实施中国载人航天工程第三阶段任务：研制、发射和运行载人空间站。中国的未来空间站正在大力开展研制，采用积木式舱段结构，核心舱、实验舱 I、试验舱 II 的质量均为 20 吨左右。预计中国空间站核心舱将于 2018 年左右发射，到 2022 年完成一期工程建设，其总质量约为 80 吨，额定乘员 3 人。载人空间站安排了航天医学、空间生命科学、微重力流体物理与燃烧科学、空间材料科学、微重力基础物理、空间天文与天体物理学、空间物理和空间环境、地球科学及应用和空间应用新技术等近 10 个领域的数百项科学与应用项目，将通过 10 余个科学实验柜、多功能光学设施和若干舱外载荷支持这些研究项目的在轨滚动实施。此后，将根据需要对其进行扩展。如果 2024 年国际空间站结束其使命，终止运行，中国空间站将是在太空运行的唯一大型载人空间设施。

（二）探月工程

月球是地球的唯一天然卫星，是距离地球最近的天体，也是人类离开地球到达地位天体的第一站。月球不但存在着丰富的资源，还是研究生命起源、人类环境的演变和地月系统的重要对象，是人类开展深空探测的首选目标和前哨。中国自 2004 年实施探月工程以来，取得了重大进展。

2004 年 1 月，国务院批准了绕月探测工程，随后将工程命名为“嫦娥工程”。“嫦娥”是中国民间传说中的神话人物，长期居住在月亮的广寒宫中。

探月工程预计 2020 年前完成，共分为“绕”、“落”、“回”三个阶段。2007 年 10 月 24 日，“嫦娥一号”探月卫星在西昌卫星发射中心发射成功，实现了多项第一，第一次把卫星的航空探测触角延伸到了月球，第一次把天文测量手段纳入到航天测控系统中来等等。“嫦娥一号”首次获得了全月图，提出月球岩浆结晶年龄为 39.2 亿年、月球东海盆地倾斜撞击成因的新观点。2010 年 10 月 1 日，“嫦娥二号”发射成功。嫦娥二号其实是从绕月到落月的桥梁，获得了世界首幅 7 米分辨率全月图，在国际上首次实现对图塔蒂斯小行星进行了飞越交会式探测。2013 年 12 月 2 日，嫦娥三号落月探测器发射成功，实现了我国航天器首次在地外天体软着陆和巡视勘察（12 月 14 日中国第一艘月球车“玉兔号”成功软着陆于月球雨海西北部），并在世界上首次使用月基光学望远镜、极紫外相机和测月雷达。“嫦娥四号”是嫦娥三号的备份星。由于嫦娥三号圆满完成任务，嫦娥四号赋予了新的历史使命，将择机发射。“嫦娥五号”预计 2017 年 12 月发射，将首次在月球表面自动采样；首次从月面起飞；首次在 38 万公里外的月球轨道进行无人交会对接；首次带着月壤以接近第二宇宙速度返回地球。届时，中国探月工程“绕”、“落”、“回”的最后一步将提前完成。

三、杂交水稻与小麦

“民以食为天”，粮食问题永远是人类社会生存发展所面临的首要问题。“南人食米，北人食麦”，稻、麦长期以来都是中国人民食粮之大宗。1994 年，美国学者莱斯特·布朗（Lester Brown）发表《谁来养活中国？》一文，认为中国在 2030 年粮食供应将大幅减少，到时不只中国不能养活自己，世界也养活不了中国。由此向中国，也向世界提出了谁来养活中国的问题。中国究竟靠谁来养活？“手中有粮，心中不慌。”以袁隆平、李振声为代表的广大中国农业科技工作者坚持自力更生、刻苦攻关，以实际行动为中国和世界给出了铿锵有力的回答。

（一）中国水稻科技的重大发展和主要成就

中国有一大批专家学者长期致力于水稻科技的研究和生产事业，袁隆平是其中最具代表性的科学家。他长期从事杂交水稻的研究，按照育种技术发展水平划分，其工作内容主要经历了三系、二系和超级杂交水稻等三个时期。

1970 年代袁隆平（左）在田间

三系杂交水稻阶段：1964 年，袁隆平开始进行水稻的有性杂交试验。1966 年，他在《科学通报》上公开发表了首篇重要论文《水稻的雄性不孕性》，指出可以利用杂交水稻第一代优势，从而使得农业生产实现大面积、大幅度增产增收。其后，袁隆平与助手们协同攻关，终于在 1974 年成功配制杂交稻种子。试种 20 余亩之后进行了优势鉴定，平均亩产量超过 500 公斤。1975 年冬，中央决定迅速扩大试种并大规模推广杂交水稻，投入了巨大的人力、物力和财力，1976 年开始在全国范围内生产。截至 1988 年，全国杂交水稻种植面积累计达到 1.94 亿亩，稻谷增产超过 1000 亿公斤。1979 年，袁隆平在国际会议上宣读《中国杂交水稻育种》论文，首次向国际社会公开报道杂交水稻研究取得的成功。鉴于在杂交水稻领域取得的巨大成就，袁隆平被国际同行誉为“杂交水稻之父”。

二系杂交水稻阶段：袁隆平及其研究团队认真回顾总结了百年来农作物育种史和二十多年的三系杂交稻育种经验教训，利用业已掌握的丰富育种材料，于 1986 年正式发表《杂交水稻的育种战略设想》论文，这一纲领性文献指明了杂交水稻事业继续向前发展的方向。1987 年，袁隆平担任国家“863 计划”两系杂交水稻专题的责任专家，历经九年的攻坚克难，终于在 1995 年成功实现二系法杂交稻研制。三系法是经典育种方法，而二系法则是中国的独创。二系法简化了育种程序，也大大提高了选到优良组合的几率，从而具有非常广阔的应用前景。一般来说，二系法种植的杂交稻要比同熟期的三系杂交稻增产 5%–10%，且米质普遍较好。

超级杂交水稻阶段：根据自己长期从事杂交水稻研究的经验，1997 年，袁隆平在《杂交水稻的超高产育种》一文中提出，超级杂交水稻育种应该采取旨在提高光合作用效率的形态改良与亚种间杂种优势利用相结合，辅之以分子手段的选育综合技术路线，并设计了超高产株型模式。该文被权威刊物 *Science* 专门推介。2000 年，超级杂交稻实现百亩示范片亩产 700 公斤的第一期目标。2003 年，中国大陆 50% 以上的水稻都为袁隆平的杂交品种，世界 20% 的水稻采用袁隆平的杂交技术。2004 年，超级杂交稻实现百亩示范片亩产 800 公斤的第二期目标。除了增产外，新型的超级杂交稻更重视水稻营养，以期减少贫血和视觉疾患。2007 年，中国大陆的水稻产量为 5000 亿公斤。杂交水稻技术已经在世界范围内推广应用。2011 年，袁隆平指导的百亩超级杂交稻试验田平均亩产 926.6 公斤，创下中国大面积水稻亩产最高纪录。2013 年，由袁隆平科研团队攻关的国家第四期超级稻百亩示范片平均亩产达 988.1 公斤，创世界纪录。2016 年，中国双季超级稻成功实现亩产 1537.78 公斤，又创造了双季稻产量的世界纪录。

从 1979 年中国农业部将 1.5 公斤杂交水稻种子赠送美国友人开始，已经有日本、菲律宾、越南、巴西、阿根廷、喀麦隆等 100 多个国家和地区引进了中国杂交水稻品种或技术。以袁隆平为代表的中国水稻科研工作者们为保障中国乃至世界的粮食安全作出了卓绝的贡献，切实造福了各国人民。

（二）中国小麦科技的重大发展与突出成就

老一辈的农业科学家金善宝、蔡旭、庄巧生、赵洪章等在新中国成立前后即奠基与发展了中国小麦遗传育种研究，为新中国农业生产的恢复与发展做出了重大贡献，同时他们培养了众多优秀的后继人才，如李振声、程顺和、赵振东、王辉等，这些专家矢志小麦遗传育种科研事业，硕果累累。其中，以李振声的成就最为显著，被人赞誉为“当代后稷”和“中国小麦远缘杂交之父”。他主要从事小麦遗传与远缘杂交育种研究，具体成果包括以下四个方面：

首先，系统研究小麦与偃麦草远缘杂交，并育成“小偃”系列品种。为了寻找小麦条锈病新抗源，李振声带领课题组开展了以长穗偃麦草为主的远缘杂交研究，经过二十多年的不懈努力，育成小偃 4 号、5 号、6 号和小偃 54 等高产、抗病、优质小麦品种。其中仅小偃 6 号就累计推广达 1.5 亿亩，增产 40 亿公斤，开创了小麦远缘杂交品种在生产上大面积推广的先例。小偃 6 号已成为中国小麦育种的重要骨干亲本，其衍生品种有 50 余个，累计推广 3 亿多亩。

其次，创建蓝粒单体小麦和染色体工程育种新系统。为了有目的、快速地将外源基因导入小麦，李振声利用远缘杂交获得的“小偃蓝粒小麦”为亲本育成了以种子蓝色为遗传标记的“蓝粒单体小麦”和“自花结实的缺体小麦”系统，并建立了缺体回交法，从而可以快速选育小麦异代换系，为小麦染色体工程育种开辟了一条新途径。该原创性成果为他赢得了广泛的国际声誉。

第三，开创小麦磷、氮营养高效利用的育种新方向。20 世纪 90 年代初，李振声从中国的基本国情出发，开辟了提高氮、磷吸收和利用效率的小麦育种新领域，提出以“少投入、多产出、保护环境、持续发展”为目标的育种新方向。通过系统鉴定筛选氮磷高效小麦种质资源，深入研究其生理机制和遗传基础，带动了中国农作物营养高效育种研究。

第四，培育耐盐小麦新品种并提出与组建“渤海粮仓”科技示范工程项目。他与团队成员一起利用长穗偃麦草的耐盐特性育成耐盐小麦新品种小偃81与小偃60，在环渤海盐碱地增产显著，受到农民欢迎。在此基础上提出建立“渤海粮仓”设想，并联合中科院有关研究机构的土壤改良与水资源专家共同论证、申请和组建“渤海粮仓科技示范工程”项目，在科技部、中科院和地方政府支持下，顺利实施，已初见成效。

总之，粮食是人民赖以生存的基础，是治国安邦的战略物资。习近平主席指出：“中国人的饭碗任何时候都要牢牢端在自己手上。我们的饭碗应该主要装中国粮。”粮食安全始终是关系国计民生的全局性重大问题。提高农业生产力，科技创新是根本途径。广大科技工作者只有为农业插上科技的翅膀，才能真正提高粮食生产水平，牢牢端稳中国人自己的饭碗。

四、联想集团与华为公司①

联想与华为两大集团公司是改革开放之后成立于20世纪80年代的企业，经过30多年的发展已经成为世界500强企业，它们堪称在技术引进与创新方面的典范，也是我国商界的楷模。

① 本部分主要参考：李鸿谷. 联想涅槃——中国企业全球化教科书［M］. 北京：中信出版社，2015. 程陶勇. 联想做大，华为做强［M］. 北京：电子工业出版社，2016；程东升，刘丽丽. 华为三十年：从“土狼”到“狮子”的生死蜕变［M］. 北京：电子工业出版社，2016.

（一）联想集团

联想集团的前身是1984年11月成立的中国科学院计算技术研究所新技术发展公司。公司将联想式汉字微机系统科研成果转化成联想汉卡，作为创业阶段的主要产品推向市场，实行科研、研发、生产、销售一条龙的企业化管理体制。后来，公司更名为北京联想计算机集团公司。1991年，纳入中国科学院院管公司进行管理。经过公司领导和员工的努力，在院所两级的有力支持下，发展成为国内外驰名的龙头企业。联想集团的成功是中国科学院院办企业的成功典范，是贯彻执行“中共中央关于科技体制改革的决定”的一个典范。在柳传志等11人用20万元人民币的启动资金和两间平房的创业之初，倪光南副研究员在同年12月就任总工程师，把在中科院计算所研究10年的汉卡科研成果的全部技术带到了公司。联想汉卡在1985年投放市场获得成功，柳传志在《联想初创回忆录》中写道：“1985年，与计算所的血肉联系，让我们终于掘得了第一桶金。”

联想集团在30多年的发展历程中，经历了从“技工贸”到“贸工技”再到“技工贸”多元发展。在技工贸战略的10余年间，联想汉卡在个人计算机处理汉字方面一枝独秀，自有品牌的联想系列微机获得国家科技进步一等奖，芯片自主设计、联想程控交换机等也取得好成绩。2002年，联想 " 深腾 1800" 高性能计算机问世。这是中国首款具有1000 GFLOP/s（每秒浮点操作次数）的电脑，在全球前500名运算最快的电脑中名列第43位。从1995年起，联想从“技工贸”转型到“贸工技”，其指导思想是“以贸易为突破口，实现技、工、贸三级跳。”从2004年开始，联想重新回归“技工贸”，开始一系列战略收购和多元化发展。以12.5亿美元收购IBM PC业务，从此走上了国际化之路。以23亿美元收购IBM X86服务器业务，IBM X86服务器交易的完成，意味着联想在企业级领域的战略布局已经完成。通过这桩并购，联想的服务器业务迈入了世界前列。以 29.1 亿美元并购摩托罗拉移动业务，解决了向中国以外市场拓展手机品牌和专利的问题。联想的智能手机在全球 23 个国家进入前五，在几个主要新兴市场，印度、巴西、俄罗斯的市场份额都名列前茅。Moto Z 模块化手机更是大受欢迎，自 2016 年 7 月上市以来，半年销量突破了 200 万。同时，联想与 NEC 公司宣布成立合资公司，共同组建日本市场上最大的个人电脑公司。

联想集团已发展成为一家全球消费、商用以及企业级创新科技的领导者。联想为用户提供安全及高品质的产品组合和服务，包括个人电脑（经典的 Think 品牌和多模式 YOGA 品牌）、工作站、服务器、存储、智能电视以及智能手机（包括摩托罗拉品牌）、平板电脑和应用软件等一系列移动互联产品。2016 年，在《财富》杂志评选的世界 500 强企业中，联想集团位列第 202 位。联想全球有 55000 多名员工，业务遍布 160 多个国家和地区。2016/17 财年，联想集团全年营业额高达 450 亿美元。联想的混合制造模式是集团的竞争优势所在。在中国、巴西、日本和美国等地设立自主生产基地，自主生产量远高于其他硬件厂商。加上与 ODM 制造商的战略合作，为联想打造了高效卓越的供应链，以快速响应市场变化。联想在中国北京、日本横滨和美国罗利的研发中心构成独特的全球“创新三角研发体系”。每年研发投入 100 亿人民币，全球专利总数超过 26,000。联想研究院秉持以用户为中心的原则，进行了大量的基础研发投入，坚持设备 + 云联动创新，坚持人工智能驱动，重点发力智能设备、软件定义数据中心的智能云平台、人工智能驱动的智能服务三大领域。

面对正在到来的智能互联网时代，联想提出了自己的愿景：为用户提供整合了应用、服务和最佳体验的更加丰富的智能设备，以及强大的云基础设施，从而让人们的生活更美好，工作更高效。为了实现愿景，联想制定了清晰明确的三波战略。第一波是联想的个人电脑业务，在这个领域，联想已经是全球第一，有着深厚的积累。未来将持续创新，通过更加创新和前瞻的研发，为 PC 加入智能和云服务的新元素，从而形成“PC+ 云”的新常态。第二波是移动业务和数据中心业务。这两大业务是联想正在打造的新的增长引擎，是发展的亮点。第三波是打造新一代基于自然语言交互，基于人工智能，基于特定云服务的新型智能终端，真正发力“设备 + 云”领域，这是联想定位未来 10 年、20 年的战略目标。联想希望通过这种“设备 + 云”模式，服务于每个人的工作和生活、为各行各业带来改变，成为智能互联网时代的推动者和赋能者。

（二）华为公司

华为公司是全球领先的信息与通信技术 (ICT) 解决方案供应商，专注于 ICT 领域，坚持稳健经营、持续创新、开放合作，在电信运营商、企业、终端和云计算等领域构筑了端到端的解决方案优势，为运营商客户、企业客户和消费者提供有竞争力的 ICT 解决方案、产品和服务，致力于构建更美好的全联接世界。2015 年，华为实现销售收入 608 亿美元，在《财富》杂志公布的世界 500 强企业，华为位列第 228。华为有 17 多万名员工，业务遍及全球 170 多个国家和地区，服务全世界三分之一以上的人口。

1987 年，44 岁的任正非与 5 个志同道合者以 21000 元创办了深圳华为技术有限公司。在华为创业开始的岁月，企业战略主要是“引进产品、国内推广”的“贸工技”型，强调“引进技术”“市场换技术”等。进入 20 世纪 90 年代，华为依靠进口设备做代理的“贸工技”之路越走越窄，任正非果断决定自主研发、自主生产交换机，从此一发而不可收。华为重视研发、重视技术创新在业界有口皆碑。华为在全球有 16 个研究院 / 所、36 个联合创新中心，在全球范围内开展创新合作，通过共享对ICT技术发展的洞察，推动技术进步以更好地建设全联接世界。2015年，从事研究与开发的人员约79000名，占公司总人数45%，研发费用为人民币59,607百万元，占总收入的15.1%。近十年累计投入的研发费用超过人民币240,000百万元。截至2015年12月31日，华为累计共获得专利授权50377件，累计申请中国专利52550件，累计申请外国专利30613件。其中，90%以上专利为发明专利。专利申请总量位居全球第一。华为在2010年首次入选《财富》世界500强，排名第397位，此后排位不断前移：2011年352位，2012年351位，2013年315位，2014年285位，2015年228位。

华为成功的原因，除了创始人和精神领袖任正非的远见卓识之外，主要还有五项，一是技术创新，坚持“技工贸”发展战略，持续投入大量研发经费，每年研发经费超过营业额的10%，甚至达到15%；二是管理创新，确立华为基本法的地位，接受IBM等世界顶级咨询公司的管理改造，强调企业文化重要作用，组织结构扁平化、实行合伙人机制等，以业务划分多个事业部（如华为移动终端部、华为通信部、华为企业部），每个事业部都实现独立核算、自主经营；三是市场创新，不断拓宽国际市场，华为的销售收入约60%来自国际市场；四是以客户为中心，把客户服务做到极致；五是给员工最大回报，98.6%的股票都归员工所有，华为不仅是高科技公司，也是高薪酬公司。任正非多次强调“应该让听得见炮声的人来决策。后方配备的先进设备、优质资源，应该在前线一发现目标和机会时就能及时发挥作用，提供有效的支持，而不是由拥有资源的人来指挥战争、拥兵自重。”这一系列措施和政策，充分调动了员工的积极性和创造性。

第四节　探索未知

自然科学研究的领域，大可至整个宇宙，小可达到纳米级的材料，无远弗届，无所不包。基础科学研究是科技与社会发展的基石，其研究水平是一个国家科技发展水平的标志。新中国成立以来，特别是近些年来，中国在基础科学研究领域取得了众多突破，一些领域在国际上已占有一席之地。比如2013年首次在实验中发现量子反常霍尔效应，为量子效应的实际应用带来希望。再比如中国科学院“探索一号”科考船于2016年6月–8月在马里亚纳海沟开展了综合性万米深渊科考活动，获得了深度序列完整的原位探测数据和及水体、沉积物和大生物样本，极大促进了中国深海海渊的科学研究。

一、对撞机与大科学工程

高能物理研究的是物质最深层次的结构及其相互作用的规律。这种研究需要一系列技术手段，加速器和对撞机就是其中的典型代表。北京正负电子对撞机（简称BEPC）是中国建造的第一台高能对撞机，将中国高能物理研究推进到国际前沿。

北京正负电子对撞机于1983年10月列入国家“八五”重点工程，1984年10月7日破土动工，邓小平等党和国家领导人亲自参加奠基典礼。在中国科学院高能物理研究所和全国几百家工厂、研究所、高等院校的科技人员、工人和管理人员的通力合作下，1988年10月16日实现了正负电子对撞，宣告BEPC按计划、按进度、按指标、按预算高质量地建成。10月24日，邓小平视察了刚建成的北京正负电子对撞机，作了“中国必须在世界高科技领域占有一席之地”的重要讲话。[①] 可以

① 冷溶，汪作玲，等．邓小平年谱（一九七五——一九七九）下册［M］．北京：中央文献出版社，2004：1256.

说，北京正负电子对撞机为中国粒子物理和同步辐射应用开辟了广阔的前景，是中国继“两弹一星”之后，在高科技领域又一重大突破。

北京正负电子对撞机一角

BEPC 由四部分组成：注入器与束流输运线、储存环、北京谱仪（BES）和同步辐射装置（BSRF）。注入器是一个长 202 米的正负电子直线加速器，它把正电子束或负电子束分别加速至 13 亿电子伏的能量后，通过 30 米长的公用段，再分别经由各长 90 米的束流输运线注入储存环。储存环是一台周长约 240 米的环形加速器，正、负电子束注入储存环后，在磁场的作用下分别在环内沿着方向相反的轨道旋转运动。经过积累、加速达到所要求的能量后，即可在一定的对撞点上相撞。在对撞点附近的谱仪测量记录下这些对撞过程的有关数据，进行分析研究。储存环上有两个对撞点，北京谱仪安装在南对撞点，而北京同步辐射装置分布在储存环南半环东西两侧的实验厅里。BEPC 建造的目的主要有三方面：一是进行基本粒子物理研究，主要是粲物理和 τ 轻子物理的研究；二是提供真空紫外、软 X 射线和硬 X 射线波段的同步辐射光，开展凝聚态物理、材料科学、生物和医学、环境科学、地矿资源以及微细加工技术方面等交叉学科领域的应用基础研究；三是通过高能加速器和高能物理探测装置的研制，从而带动和发展一批高新技术，促进工业技术的发展。

BEPC 投入运行后，对撞机亮度迅速达到设计指标，成为在 τ－粲能区性能居国际领先地位的高能物理实验装置。1996–1998 年，北京正负电子对撞机的加速器和北京谱仪均进行了升级，性能有了一定的改进。与此同时，对 BEPC 进行重大改造（称为 BEPCII）也提上了议事日程。经过充分论证，决定将储存环设计改为双环方案，以实现用较少的投入完成对加速器的重大改造，在较短的时间内将对撞机的亮度提高两个数量级，同时升级北京谱仪（BESIII），大幅度提高探测器的分辨率以减少系统误差。2003 年 3 月，国家发展计划委员会正式批准了北京正负电子对撞机重大改造工程（BEPCI I）项目。2004 年 1 月 BEPCII 开始建设，2009 年 7 月通过了国家验收。

20 世纪 90 年代以来，北京谱仪合作组在对撞机上取得了一批在国际高能物理界有影响的重要研究成果，如 τ 轻子质量的精确测量、20–50 亿电子伏特能区正负电子对撞强子反应截面（R 值）的精确测量、发现“质子—反质子”质量阈值处新共振态、发现 X（1835）新粒子和首次发现带电类粲偶素 Zc(3900) 及其伴随态等，国际权威的《粒子物理手册（PDG）》在粲物理和 τ 轻子物理方面采录了 400 多项来自北京谱仪的数据。高能物理研究所也成为了世界主要的高能物理实验研究中心之一，是国际 τ－粲能区物理研究的领跑者。BEPC 配套的北京同步辐射装置是中国主要的广谱同步光源，为多学科交叉前沿研究提供了大型平台，每年向来自全国数百个研究所和高等院校用户开放，取得了包括若干重要蛋白质结构测定在内的许多重要成果。

北京正负电子对撞机得益于改革开放和国际科技合作尤其是中美之间的科技合作。北京正负电子对撞机建设，也造就了一支具有国际水平的科研队伍，形成了中国高能物理领域的大科学工程建设能力。正是凭借这些能力，才催生了后续一系列大科学工程，包括合肥同步辐射装置、上海光源、中国散裂中子源以及大亚湾中微子实验等，从而为中国多学科研究乃至产业应用提供了强大支撑。就科学影响力而言，大亚湾中微子实验最具代表性。

中微子是构成物质世界的基本粒子之一，是联系物理学、天文学、宇宙学和天体物理学的重要纽带。由于中微子极难探测，人类对其了解甚少，尚有许多未解之谜。中国科学院高能物理所与国内外同行合作，将大亚湾核电站的 6 个反应堆作为中微子源，在反应堆附近的山丘下面建立地下实验室，专门研制了低能量、低本底、高精度的大型探测器，进行中微子的振荡实验。2012 年 3 月，大亚湾中微子实验国际合作组宣布，发现第三种中微子振荡模式，并精确测量到其振荡频率。基于这个结果，物理学家才有可能设计下一代中微子实验，测量不同种类的中微子质量排序，或测量中微子振荡中的宇称和电荷对称性破坏等，以理解宇宙中物质—反物质的不对称现象。美国《科学》杂志将这项成果评为“2012 年度十大科学突破”。2015 年 11 月，王贻芳率领的实验团队获得了 2016 年基础物理学突破奖。大亚湾中微子实验提升了中国相关领域的科研水平和技术水平，培养了一批具有国际水准的青年科研人员，为相关基础研究领域的发展奠定了坚实基础。目前，下一代中微子实验——江门中微子实验已经完成规划和设计，正在紧锣密鼓进行之中，可望带来新的物理学突破。

二、青藏高原研究[①]

青藏高原素称“世界屋脊”，它的隆起是新生代以来地球史上最重

① 本小节由中国科学院地理科学与资源研究所孙鸿烈院士与郑度院士完成。

大的事件之一。青藏高原是研究岩石圈形成演化的理想区域。高原的自然环境和生态系统在全球占有特殊席位。因此，青藏高原是中国地学、宏观生物学、资源与环境科学具有特色的研究领域，对解决岩石圈地球动力学和全球环境变化有重要意义，对高原区域可持续发展有着广阔的应用前景。

1930 年代中国科学家曾分别在青藏高原对地质、地理和植物进行局部的考察，但高原大部分地区仍处于科学研究的空白状态。自 1950 年代以来，国家对青藏高原环境和资源的调查考察极为重视，要求查明并评价高原的自然条件和自然资源，探讨自然灾害及其防治，以适应高原建设的需要。中央和地方，科研和生产部门多次组织对青藏高原的科学考察和调查，建立机构从事观测、试验与研究工作。较大的综合科学考察有：1950–1960 年代对西藏东、中部、青海与甘肃的祁连山，横断山区、西藏中南部等地区，以及希夏邦马峰和珠穆朗玛峰地区的登山科学考察。

1973 年组建成立中国科学院青藏高原综合科学考察队（以下简称中科院青藏队），1973–1980 年对青藏高原主体的西藏自治区进行全面、系统的综合科学考察。参加这项综合考察研究的单位有中国科学院内外有关研究所、高等院校和生产部门共 79 个单位、50 多个专业，野外考察人数达 400 余人。这项综合研究在高原岩石圈结构和形成演化，晚新生代以来的隆起过程与环境变迁，生物区系组成与人类对高原环境的适应，高原自然环境及其地域分异，资源、灾害及区域发展等领域取得开拓性进展。1980 年 5 月在北京举办的首次青藏高原国际学术研讨会，除了中国科学家外，有 17 个国家的 80 多位学者参加此次会议。中国科学家在青藏高原研究所取得的突出成就，引起国际学术界的关注和重视，产生了广泛的影响。会后组织到西藏的科学考察，促进了西藏的对外开放，揭开了青藏高原国际合作科学研究的序幕。由

《青藏高原科学考察丛书》和《珠穆朗玛峰地区科学考察报告》等组成的"青藏高原隆起及其对自然环境与人类活动影响的综合研究"项目于1987年获国家自然科学奖一等奖。

1980–1990年代初，中科院青藏队继续组织对横断山区、南迦巴瓦峰地区、喀喇昆仑山—昆仑山地区以及可可西里地区的综合科学考察。1990年3月作为综合性学术团体的中国青藏高原研究会成立，促进了不同地区和部门对青藏高原科学研究的交流与发展。2004年8月第4届青藏高原国际学术研讨会在西藏拉萨隆重召开，会议的主题是：高原形成演化、资源环境与可持续发展，共有来自20个国家的350余名科学家参会。

在1990年代以来"青藏高原形成演化、环境变迁与生态系统研究"（1992–1996）和"青藏高原形成演化及其环境资源效应"（1998–2003）、"青藏高原环境变化及其对全球变化的响应与适应对策"（2005–2010），被分别列入国家攀登计划和国家重点基础研究计划项目，青藏高原综合科学考察研究工作进入第二期。与1950–1980年代的第一期研究工作相比较，它针对国际研究领域的前沿和传统区域性路线考察的薄弱环节，强调了从以定性为主向定量、定性相结合研究，从静态、现象和类型研究向动态、过程和机制研究，从单一学科研究向综合研究，从区域研究向与全球环境变化相联系的研究转化和深入。在研究方法和手段上，从传统的路线调查考察到结合遥感遥测开展宏观分析与微观论证，野外考察与室内实验相结合，面上考察和定位、半定位试验观测相结合。

1950年代以来中国对青藏高原的综合科学考察，在时间上基本是连续的，在空间上考察由点到线到面逐渐扩大，在参加人员的组成和学科结构上也在不断拓展。所以，青藏高原科学研究的这种范式在世界自然科学考察的历史上有它自己的地位。其特点是：科学考察以青藏高原大自然为实验室，它不是一个以短期目标的完成为目的的科学活动；科学考察是一种传播知识的过程，不同学科、不同科学家之间的知识传播，互相启发、交流和渗透。

青藏科学研究范式产生了明显的效果，可称之为“青藏效应”即：探索自然奥秘的凝聚效应，来源于科学家探索高原自然的兴趣；不同学科的相互渗透效应，促进了科学新思想的萌生；人才涌现的催化效应，造就了许多学科带头人和中青年科研骨干；不断扩展的社会效应，使人们对青藏高原产生新的认识和热爱。蕴藏在“青藏效应”中有如下突出的精神内涵。即：创新意识，瞄准国际前沿；立足实地，取得原创数据信息；提倡协作，加强综合集成；结合实际，服务高原建设；持之以恒，献身青藏事业。恰恰是上述的崇高精神，使几代科学家汇集在青藏高原研究的旗帜下，使青藏高原的科学考察研究事业得以持续发展，不断攀登新的科学高峰。

2003年中国科学院青藏高原研究所正式成立。该机构围绕青藏高原隆升过程及其对亚洲和北半球气候环境影响这一核心科学问题，研究青藏高原地球动力学、地表过程与环境变化、极端环境下生物的生态适应性及生物遗传资源等若干国际前沿科学问题。青藏高原研究所的建立为青藏高原研究提供了学术交流的舞台，吸引了一批国内外一流研究人才，组建了具有国际水平和创新能力的科研队伍。目前中国学者正在建设观测研究、数据综合、科学分析、社会服务四位一体的国家级青藏高原地表过程与环境变化观测研究的共享平台。该所搭建起“站在高原、研究高原”的观测研究平台和“高水平、有特色”的实验分析平台，组建起一支“扎根高原、奉献高原”的优秀人才队伍，推动了由中国科学家主导的“第三极环境（TPE）”国际计划，取得了有国际影响力的科研成果。TPE计划的发起者姚檀栋院士和他的研究团队通过冰芯记录、冰川变化实地观测、卫星遥感数据分析、模型模拟等不同方法的综合集成研究发现，现在是过去2000年来最温暖的时段，当今的全球变暖和印度季风与西风交互作用是造成青藏高原冰川退缩及其区域差异的重要原因。2017年1月，瑞典人类学和地理学会将2017年度的“维加奖”[①]授予姚院士，以表彰他在青藏高原冰川和环境研究方面所做的贡献。

三、“三志”的编撰

众所周知，生物资源维系着人类的繁衍、生存和发展，对它们进行调查研究、编撰各种类型的生物志书，是对天然生物资源进行开发、持续利用和保护的基础，也是反映一个国家生物科学基础水平的标志之一。[②]

中国领土辽阔，生物资源众多。据初步调查，全国有各类生物约48万多种，其中高等植物3万余种，孢子植物近25万种，动物20余万种，其中脊椎动物6400余种，无脊椎动物5万种、昆虫15万种。

20世纪初，中国东渡日本、留学欧美等国的生物学家们陆续回国，共同立志为开创“中国人自己”的近代生物科学研究事业奠基。在中国最早组织并开展研究工作的是植物分类学。钱崇澍、胡先骕等学者们组织人员、多方筹集经费、创建研究机构，不畏艰难险阻在全国采集标本、发表论文、编写生物类名录及志书。1934年，植物学家胡先骕在中国植物学会第一次年会上，即提议“现在国内治植物分类学者渐众，理应着手编纂《中国植物志》”。[③]由于当时科研力量薄弱、经费

① 维加奖每三年在全世界范围内对杰出的地学科学家进行评选之后选出一名获奖者，由瑞典国王颁奖，有“地理学诺贝尔”之称。

② 夏振岱. 中国生物物种大全——“三志”[J]. 中国科学院院刊，2001（2）：122-125.

③ 会务消息[J]. 中国植物学杂志. 1934，1（3）：352.

困难、加之战乱频仍，这一计划并未付诸实施。但老一辈生物学家仍然在大后方，坚持调查采集、研究，培养后继人才，为编纂《中国植物志》做准备，为中国生物分类学的发展奠基。

新中国成立后，开展了全国范围的大规模生物资源调查采集工作。1950 年 8 月，中国科学院在北京召开了全国植物分类学工作会议，正式提出编写《中国植物志》。①1956 年，国家将动、植物志的编纂列入“十二年科学技术发展远景规划”，并于 1959 年成立了《中国植物志》编委会。著名的植物学家钱崇澍、陈焕镛担任第一任主编。同年 9 月，秦仁昌编写的第二卷《蕨类》正式出版，这是《中国植物志》最早出版的一卷。此后，《中国动物志》、《中国孢子植物志》编委会也于 1962 年 、1973 年分别成立。动物学家童第周、海洋生物学家曾呈奎等人曾分别担任主编。后来，人们将《中国植物志》《中国动物志》和《中国孢子植物志》三部中国生物分类和系统学志书简称“三志”。

文革期间，动植物志的编纂一度陷于停顿。1973 年初，经国务院批准，中国科学院在广州举行“三志”编写工作会议，重新制定了编写规划。到 1980 年后，“三志”编研和出版工作逐渐恢复，但直至 90 年代初，由于经费不足、队伍老化、编纂后期原始积累资料和标本不足等原因，编纂进展较为缓慢。②1993 年后，“三志”被列为国家自然科学基金“八五”、“九五”和“十五”重大项目，编纂和出版速度加快。

《中国植物志》是“三志”中最早完成的。仅编研出版工作就经过了 4 代中国植物学家，历经 40 余年，于 2004 年全部出齐。全书共 80 卷（126 册），图版及插图 9000 余幅，收录了中国蕨类和种子植物 3 万

① 崔鸿宾. 我所经历的《中国植物志》三十年［J］. 中国科技史杂志，2008，29（1）：73-892.

② 吴征镒，曾呈奎，朱弘复. 采取切实措施解脱“三志”困境［J］. 中国科学院院刊，1991（2）：133.

余种，在种、属的数量和分布地区的广度等方面，反映了中国高等植物的全貌，在国内外引起极大的关注。2009 年获得国家自然科学奖一等奖。与海外合作的英文版《中国植物志》（*Flora of China*）于 2013 年全部完成。有学者总结道：《中国植物志》编研工作，培养出了几代中国植物学家，基本摸清自己的本底资源，同时也为世界植物分类学做出了杰出的贡献。①

《中国动物志》预计出版 248 卷，经过近 50 年的努力，截至 2016 年底已经出版 154 卷。② 仅“八五”期间即完成 46 卷，记述中国动物 12000 种，彩图 230 余幅，黑白图 11100 幅。每卷均有研究历史、分类系统、区系特点、动物地理、生态生物学、经济意义等内容。各论中包括各分类阶元检索、文献引证、鉴别特征、分布、标本记录等。目前，《中国动物志》两栖纲和爬行纲已经全部出版；鸟纲也已经全部完成编研，最后一卷正在抓紧出版。

《中国孢子植物志》分为《中国海藻志》《中国淡水藻志》《中国真菌志》《中国地衣志》和《中国苔藓志》五个部分。中文版计划出版 176 卷册。其中《中国海藻志》20 卷册，《中国淡水藻志》28 卷册，《中国真菌志》90 卷册，《中国地衣志》26 卷册，《中国苔藓志》12 卷册。英文版《中国苔藓志》（*Moss Flora of China*）12 卷。科学考察工作覆盖了全国包括香港、台湾在内的几乎所有省区，采集标本（样品）约 20 余万份。截至 2014 年 9 月，《中国孢子植物志》已出版 88 卷，记录了中国各类孢子植物 15522 种，图版 13.5 万幅，英文版亦已出版 8 卷册。③

“三志”是全国几代生物分类学者不断继承、共同协作的成果。它

---

① 马金双. 中国植物分类学的现状与挑战［J］. 科学通报，2014，59（6）：510-521.

② 马克平. 中国生物多样性编目取得重要进展［J］. 生物多样性，2015，23（2）：137-138.

③ 褚鑫，魏江春，等. 国家自然科学基金重大项目“中国孢子植物志编研”概述［J］. 中国科学基金，2015（1）：60-61.

收录了全国85%以上已知的生物种类及其区系、演化、地理分布、物种生物生态特性及其经济价值，是中国生物种类大全、资源的数据库，是国家的重要基础资料。它们的全部出版将为国家生物资源保护、持续开发、有害生物控制和濒危物种保护提供理论依据，并将促进中国生物学各分支学科研究的深入发展。对于解决人类共同面临的人口、粮食、资源、环境等全球性的问题也具有十分重要的战略作用和深远的影响。[①] 同时也应看到，相比于国际先进水平，中国第一版生物志的完成仅仅是一个开始。随着标本资料的不断扩充和新技术条件的进步，中国生物志的编研工作还须不断深入和完善。

四、深海探测

海洋魅力无限，但也风波诡谲。长期以来，由于探测手段的限制，深海区域很大程度上成为科学探索的禁区，相关研究也是海洋研究中最薄弱的环节之一。科学界对于深海资源环境、深渊生命、地质过程的了解均十分有限。

要对深海进行科学探索，必须依靠专门的高科技装备。20世纪60年代起，载人潜水器的研制进入快速的发展阶段。美国、俄罗斯、日本等国家相继制造出大深度载人潜水器。20世纪80年代初，随着中国海洋科技的发展，对潜水器的需求越来越迫切。20世纪90年代，中国开始向着世界潜水器研制的前沿水平追赶。

2002年，7000米载人深海潜水器正式列为“863”计划的重大专项。中国船舶重工集团公司、中国科学院、国家海洋局等近百家科研机构的精英组成研发团队，开始了“蛟龙”号7000米载人潜水器的研制之路。经过几年的努力，“蛟龙”号搭乘“向阳红09”科考船于

① 夏振岱. 中国生物物种大全——“三志”[J]. 中国科学院院刊，2001（2）：122-125.

2009年8月至10月进行首次海上试验，于10月3日搭载3名试航员下潜至1109米。翌年，下潜深度达到3759米，中国成为继美国、法国、俄罗斯、日本之后，世界上第五个掌握3500米以上大深度载人深潜技术的国家。2011年8月，"蛟龙"号5000米海上试验取得成功，最大下潜深度达到了5188米。

2012年6月，"蛟龙"号再次出征，赴西太平洋马里亚纳海沟开展7000米级海上深潜试验。6月24日，"蛟龙"号载人潜水器深潜首次突破7000米，达7020米，创造了中国载人深潜记录。7月16日，搭载潜水器的向阳红09科考船胜利返航青岛。在此次海上试验中，"蛟龙"号从6月15日到6月30日6次深潜海底，3次超过7000米，4次刷新最深下潜纪录，最大下潜深度达到7062米。7000米的下潜深度标志着"蛟龙"号的工作范围可覆盖全球99%以上的海域，中国也成为世界上拥有最大潜深作业型载人潜水器的国家。

"蛟龙"号载人深潜器

2013年开始，"蛟龙"号连续执行了中国大洋三个试验性应用航次，先后在中国南海冷泉区、海山区，太平洋多金属结核勘探合同区、富钴结壳勘探合同区、马里亚纳海沟和雅浦海沟区，西南印度洋多金属硫化物热液活动区开展了 71 次下潜作业，取得了之前中国科学家从未获得的宝贵科学样品和认识，为人类认识深海、开发深海发挥了积极作用。

“蛟龙”号载人潜水器的研制成功和载人深潜工作的纵深推进，是中国深海科技发展的一个重要里程碑。中国在载人深潜领域探索出一条“自行设计、自主集成、集成创新、跨越发展”的道路，在载人深潜领域培养了大批青年人才，使中国载人深潜技术进入了国际先进行列，有助于推动未来深海科学研究工作的开展。继“蛟龙”号载人潜水器七千米海上试验成功后，万米深海也很快不再是中国海洋科技界的禁区。

2016 年夏，一艘来自中国科学院的科考船“探索一号”驶向太平洋马里亚纳海沟。“探索一号”长 94.45 米、宽 17.9 米的，堪称“移动海上实验室”。船上配备有 11 个固定实验室、2 个可拆卸式移动实验室，不仅能面向多学科开展各类实验，还能保存各种样品和数据。“探索一号”搭载了中国自主研发的系列深海科研和探测设备。比如，万米级自主遥控潜水器“海斗号”、深渊着陆器“天涯号”与“海角号”、万米级原位试验系统“原位实验号”、9000 米级深海海底地震仪、7000 米级深海滑翔机等。

2016 年 6 月 22 日至 8 月 12 日期间，在中国科学院战略性先导科技专项的支持下，“探索一号”在马里亚纳海沟挑战者深渊开展了科考活动，航次历时 52 天，共执行作业任务 84 项。这次处女航行是中国进行的第一次综合性万米深潜科考活动，在深海研究领域完成了多项开拓性工作，取得多项突破和记录。本次深渊科考 5 次叩开了马里亚纳海沟万米大门。中国自主研制的“海斗”号无人潜水器成功进行了一次八千米级、两次九千米级和两次万米级下潜应用，最大下潜深度达到 10767 米。“海斗”号成为中国首台下潜深度超过万米并进行科考应用的无人自主潜水器，使中国成为继日、美两国之后第三个拥有研制万米级无人潜水器能力的国家。“原位实验”号深渊升降器共进行 17 次大深度下潜，其中“天涯”号和“原位实验”号三次突破万米深度，最大下潜深度达到 10935 米。这是中国首次在一万一千米级海沟成功进行无人深潜与探测。

本次科考成功获得深度序列完整的海底沉积物样本和马里亚纳海沟水样。在万米深度，“原位实验”号深渊升降器搭载实验装置在海底成功进行了深渊底部氮循环的原位培养实验，“天涯”号深渊着陆器单次获取大于 100 升的海底水样。这两项工作在国际上均属首次。

除此之外，中国科学家在海斗深渊的不同深度获得一大批珍贵的样品和数据。深渊着陆器和升降器共进行了 13 个潜次的大生物诱捕实验，在五千米至一万米级深度获取 2000 多个大生物样品，其中包括钩虾、深渊专属的狮子鱼以及未知物种。使用中国产海底地震仪，首次在挑战者深渊西部开展主动源人工地震勘探，成功获得一条完整地震剖面。地震仪还幸运的采集到一次 7.7 级的天然地震信号。这是 1900 年以来第三次发生在马里亚纳海沟的大于 7.7 级的地震。

“探索一号”此次海上试验使中国海洋科技迈入新的发展阶段。它标志着中国成为了世界上个别具备万米深渊科考能力的国家之一，宣示了中国“深海科技创新能力正在实现从‘跟踪’为主向‘并行’‘领先’为主转变”。同时，在此次科考过程中所获得的超大深度，特别是大量源自万米深海的数据和样品，将向相关研究领域的科学家们开放。这将不仅促进深海深渊科学研究的发展，而且会有效推动海斗深渊科学研究体系的建立。

人类对深海奥秘的探索是无止境的。从 2002 年“蛟龙”号载人潜水器立项，到 2016 年“探索一号”综合性万米深海探索的成功，经历了短短 14 年时间。中国海洋科技不断发展，未来还将继续提升探测能力与研究水平，为人类对海洋环境探索和海洋资源开发贡献更大力量。

五、纳米科技

纳米科技是 20 世纪 80 年代发展起来的前沿学科，指纳米尺度（1-100nm）上研究物质（包括原子、分子的操纵）的特性和相互作用以及如何利用这些特性和相互作用的具有多学科交叉性质的科学和技术。作为一个由物理、化学、材料、生物和工程等学科高度交叉形成的科学技术领域，纳米科技历经近 30 年的发展，已经成为最活跃的前沿学科领域，并成为了 21 世纪经济增长的新动力。①

中国是参与推动纳米科技全球性发展的国家之一。从 80 年代至今，中国一直重视纳米科技研发，研发工作经历了 2000 年之前的起步和以项目为依托的迅速发展，以及 2000 年之后国家层面对纳米科技研究的顶层设计和布局的形成。②

纳米科技发展初期，中国科学家就已经开始关注并推动这方面的研究。据统计，1990 年至 2005 年，中国成为发表纳米科技论文增长最多的国家，1998 年之后，中国高影响力的纳米科技论文占世界相应论文总量的份额增加了一倍，在这一指标上达到与日本等发达国家并驾齐驱的程度。③ 这一时期，中国有不少于 50 所高校和 20 个中科院研究所开展了纳米科技领域的研究工作，相关研究工作主要在有关项目的资助下进行，如中科院和国家自然科学基金委从 80 年代中期即开始支持扫描探针显微镜（SPM）的研制，及其在纳米尺度上科学问题的研究

① 白春礼. 中国的纳米科技研究［J］. 中国科技产业，2001（9）.

② 中国科学院纳米科技领域战略研究组. 中国至 2050 年纳米科技发展路线图［M］. 北京：科学出版社，2011：47-51.

③ 刘立. 基础研究政策的理论与实践［M］. 北京：清华大学出版社，2007：273.

（1987–1995）；国家科委于1990至1999年通过“攀登计划”项目，连续10年支持纳米材料专项研究。这一时期，中国在纳米材料、纳米器件、纳米结构的检测与表征等方面都取得了一些重大进展，初步形成了自己的优势。如纳米材料方面，在以碳纳米管为代表的准一维纳米材料及其阵列方面做出了有影响的成功，在非水热合成制备纳米材料方面取得突破，在纳米块体金属合金和纳米陶瓷体材料制备和力学性能的研究、介孔组装体系、纳米复合功能材料、二元协同纳米界面材料的设计等都取得了重要进展。①

2000年之后，国家开始对纳米科技的研究进行顶层设计和全面部署，国家层面的纳米科技创新系统在这一阶段形成，中国纳米科技进入了一个新的发展时期。2001年，中国成立了国家纳米科技指导协调委员会，同年7月，科技部、国家发改委、教育部、中国科学院、国家自然科学基金委等五部委联合印发《中国纳米科技发展纲要（2001–2010）》，根据纲要精神，“十五”期间，科技部对国家三大科技计划和其他相关研究计划进行全面部署。“973计划”对纳米材料与纳米结构、纳电子学、纳米器件和纳米表征等方面进行了重点部署。“863计划”设立了“纳米材料与微机电系统”重大专项和“纳米生物技术”专项，科技攻关计划安排了“纳米材料技术及应用开发”专项。2002年，国家自然科学基金委启动“纳米科技基础研究”重大研究计划，此外，中国科学院等部门也实施纳米科技研究专项。2006年发布的《国家中长期科技和技术发展规划纲要（2006–2020年）》将“纳米研究”列为基础研究的四大重大科学研究计划之一，根据国情和国际纳米科技研究变化的特点，科技部明确了“纳米研究计划”的支持重点为以满足国家重大需求为牵引、重大应用为导向的基础研究，也强调推动前期

① 白春礼. 中国的纳米科技研究［J］. 中国科技产业，2001（9）.

支持的基础研究成果走向应用。另外，科技部高新技术发展及产业化司、社会发展科技司等也对纳米技术的应用研究和可移动技术进行了重点支持。

应该说在国家层面上，中国纳米研究的布局基本形成了国家自然科学基金委主要支持创新与自由探索为主的基础研究，科技部基础研究司主要支持以满足国家重大需求为目标的、应用导向性的基础和应用基础研究，科技部高新司等主要支持应用研究和可转移技术的研究的格局。这一时期，2003 年由中国科学院与教育部共建的国家纳米科学中心的成立，也标志着国家层面纳米科技研发组织建制的形成。国家纳米科学中心由原中科院纳米科技中心与北京大学、清华大学共同组建，定位于纳米科学的基础研究和应用基础研究，重点在前瞻性、具有重要应用前景的纳米科学与技术基础研究。除国家纳米科学中心外，“十一五”时期，国家还在天津建立了国家纳米技术产业化基地。并在上海建立了纳米技术及应用国家工程研究中心。[①] 可以说，21 世纪中国的纳米科技是在国家全方位的战略布局下实现发展的。

经过 20 多年的努力，中国研究人员在纳米材料、纳米表征技术、纳米器件与制造、纳米催化以及纳米生物与医学领域取得了一系列重要进展。纳米材料是纳米科技发展的优势领域，发展水平与国际上发达国家相当。中国科学家在晶面可控的单分散纳米晶的控制合成、有机纳米结构和材料的制备、碳纳米管的制备、功能纳米多孔材料等方面均获得了具有相当国际影响的成果。如，清华大学科研人员对纳米棒、纳米颗粒的研究表明，不同晶面表现出不同的催化活性和选择性，为探索纳米催化过程的物理化学本质和设计高性能、结构敏感型催化

① 国家自然科学基金委，中国科学院. 未来 10 年中国学科发展战略：纳米科学［M］. 北京：科学出版社，2012.

剂提供了新的思路。近年来，中国在有机纳米结构和材料制备上提出了一些新方法和概念，特别是在具有复合功能的有机功能纳米结构和材料的构建及其特殊的电学与光学性质研究方面在国际上产生了影响。这些基于有机功能分子的纳米结构和材料在光电转换、太阳能电池、场发射及平面显示和信息存储等方面显示了重要的潜在应用价值。在功能纳米多孔材料方面，发展出在氧气的非冷冻分离、多功能材料、低密度磁材料、分子筛、离子交换及催化等方面具有广泛应用前景的多孔纳米材料。

纳米结构与性能的表征，以及纳米微区内的物理、化学及生物学性质变化的探测，是纳米科技研究和应用的重要领域和基本手段。中国科学家在单分子行为表征、检测与调控方面与国外研究水平基本同步。早在 1988 年前后，中科院化学研究所在白春礼的主持下，就先后研制成功了扫描隧道显微镜（STM）、激光原子力显微镜、弹道电子发射显微镜等多种表界面纳米区域的表征仪器。使用 STM 技术，中科院化学所纳米实验室研究人员系统地研究了有机分子在固体表面自组装形成的纳米有序结构。① 近场光谱和低温光学成像等光谱方面的研究在国内也取得了显著进展。2001 年，北京大学报道了高空间分辨率金刚石膜拉曼光谱测量；2002 年，北京大学报道了硅纳米线中激发波长与拉曼特征的变化关系；2006 年，厦门大学研究人员实现了利用光纤拉曼谱仪搭建成针尖增强近场拉曼谱测量系统。此外，中国在纳米材料和结构的基本电学性质的定量化检测方面也取得了较大进展。②

在纳米器件与制造领域，中国科学家在纳电子材料与器件、磁电子学与自旋电子学器件、纳米光学与光电子器件、分子电子学器件、

① 裘晓辉，白春礼．中国纳米科技研究的进展［J］．前沿科学，2007（1）．

② 国家自然科学基金委，中国科学院．未来 10 年中国学科发展战略：纳米科学［M］．北京：科学出版社，2012：22-23．

传统硅基器件纳米化、纳米制造技术与纳机电器件等方面都做了大量工作并取得进展。早在2000年代初，中国科学院物理所报道了可在室温下工作的单电子原型器件，中科院半导体研究所先后研制出了量子阱红外探测器（13–15微米）和半导体量子点激光器（0.7–2.0微米）。中科院化学所有机固体实验室在利用有机半导体材料制备微纳场效应晶体管的研究方面，取得了很多重要的研究成果。2006年，他们采用晶核原位外延的方法得到了紧贴SiO_2基板生长的取向控制的有机半导体单晶纳米带，得到了平行的交叉的等各种基于有机半导体单晶的纳米复杂结构，为开展有机半导体单晶纳米电路的研究打下了基础。[①]在纳米制造技术与纳机电器件方面，我国在紫外光纳米压印光刻压印专用阻蚀胶研制、模板制作、压印工艺控制、多层套印对准方面取得了进展，同时开发了面向微电子制造的高速高精运动控制平台和集成电路封装技术，采用离子束抛光光学镜头，使加工时间大大缩短，型面精度由1/20λ提高到6纳米左右，建成了功能较完备、稳定运行的硅基4英寸微机电系统和纳机电系统加工线，研制出若干已被批量采用的传感器。[②]

在纳米催化领域，中国在纳米催化的限域效应、纳米催化的形貌控制、二维表明量子调控方面取得了一系列突破。在金属纳米簇基催化剂合成与应用方面取得了一系列突破性进展，在可控合成超长寿命的纳米催化剂方面，以及在合成气的高效选择性转化的纳米催化基础研究和工业化方面，均取得了重要进展。

纳米生物与医学领域近年来在中国也受到重视。中国在纳米生物效应与人造纳米材料安全性研究、纳米科技在恶性肿瘤和其他疾病的早期诊断与治疗、用于组织修复用的纳米材料的研制，以及发展基于

① 同裘晓辉，白春礼：6-10.
② 同国家自然科学基金委，中国科学院：24-25.

纳米晶生物探针的免疫层析检测技术的医学诊断方面，都取得了有显著应用价值的成果。①

值得一提的是，伴随着纳米科技这一前沿学科在中国发展进程的是一批优秀科学家的出现。中国科学院的多个研究所和高校建立了70余个纳米科技研究平台，形成数量可观的人才队伍。白春礼院士作为中国扫描隧道显微学的开拓者和国际STM方面有影响的活跃科学家，以及纳米科技领域有影响的代表人物，于2010年获得联合国教科文组织首次颁发的“为纳米科学与技术发展作出突出贡献”奖章。中科院金属研究所卢柯院士的研究小组因其在纳米金属方面的研究，而获得国际纳米材料界的高度认可，卢柯本人于1998年国际亚稳及纳米材料年会上获得金质奖章。此外，2009年，中国发表纳米科技SCI论文数量已超过美国，跃居世界第一，SCI论文了引用次数跃居世界第二位。同时，中国积极参与并部分主导了国际纳米技术标准工作，并颁布了一批国家纳米技术标准，初步形成了纳米标准化体系。在纳米技术研究中，取得了一批具有自主知识产权的研究成果，纳米技术成果转化初具规模。可以说，中国已成为世界纳米科技研发大国。②

六、新奇量子现象探索

（一）量子通信

2016年8月16日1时40分，中国在甘肃省酒泉卫星发射中心用长征二号丁运载火箭成功将世界首颗量子科学实验卫星“墨子号”发射升空。这标志着中国在量子信息技术的研究上又迈出重要一步，并使中国成为国际上率先实现探索星地量子通信可能性的国家。

---

① 国家自然科学基金委，中国科学院．未来10年中国学科发展战略：纳米科学［M］．北京：科学出版社，2012：26-28.

② 白春礼．中国已成世界纳米科技大国［J］．中国科技财富，2013（9）：4.

“墨子号”卫星是中国科学院空间科学先导专项首批科学实验卫星之一。作为世界首颗量子科学实验卫星，“墨子号”卫星搭载了量子密钥通信机、量子纠缠发射机、量子纠缠源、量子实验控制与处理机等实验设备。此外，它还具备两套独立的有效载荷指向机构。通过姿控指向系统协同控制，可与地面上相距千公里量级的两处光学站同时建立量子光链路。除了卫星之外，地面上建设了四个量子通信地面站以及量子隐形传态实验站，与卫星共同构成天地一体化量子科学实验系统。除此以外，奥地利科学院和维也纳大学的科学家也与中国方面合作，在维也纳和格拉茨设置了地面站。

那么，什么是量子通信呢？它又有哪些经典通信不具备的优点呢？与经典通信不同，量子通信可以将信息编码加载到单个光子或多个纠缠光子的量子态上。通过量子态传输，通信双方协商生成量子密钥。这组密钥的安全性是由量子力学的基本原理保证的：由于单光子不可分割，窃听者无法截取“半个光子”来获得密钥的信息；又由于未知的量子态无法被精确复制，窃听者一旦试图进行测量或复制就会对原来的量子状态产生扰动，从而被通信方察觉。通信方察觉窃听后可以立即中断通信，而在网络中选取一条安全的线路继续产生密钥。总之，通信方之间的密钥一旦生成，就必然是没有被窃听过的，再用这组安全的密钥对信息进行“一次一密”的加密保护，就能够真正实现信息在传输中的完全随机、不可破译，从根本上解决通信安全问题。

在量子保密通信的国际竞赛中，中国属于后来者。1984 年，IBM 实验室的 Bennett 和加拿大蒙特利尔大学的 Brassard 共同提出的量子密钥分发协议，即著名的 BB84 协议。1991 年，Bennett 等人在 32cm 的距离上演示了首个量子密钥分发。自那以后，英国、美国、日本和中国等国家都在探索实用化的量子通信技术。经过多年的努力，量子通信技术已基本成熟，并从实验室演示开始走向产业化。在城市里，通过光纤建构的城域量子通信网络已经初步应用于国防、政务、金融等领域的信息安全。目前，中国的量子通信技术研究和应用水平已处于国际领先。例如，中国科学技术大学的潘建伟团队建成了国际上首个规模化的城域量子通信网络，自主研制的量子通信装备已经为60周年国庆阅兵、党的十八大、纪念抗战胜利70周年阅兵等国家重要活动提供了信息安全保障。

在城市范围内，通过光纤构建城域量子通信网络是最佳方案。但要实现远距离甚至全球量子通信，仅依靠光纤量子通信技术是远远不够的。由于光线的固有损耗，即使采用理想单光子探测器和理想的10GHz单光子源，在1000公里光纤中进行点对点量子通信，每三百年也只能传输一个比特。这种受制于光纤，不能释放大量子通信信号的问题，严重制约了量子通信的距离和范围。通过量子中继手段，即分成若干段传输来降低每一段的损耗，便可以用“量子接力”的方式解决这一难题。作为一个部分的解决方案，可以用“可信中继”来连接一段段的光纤，有效扩展量子通信的距离。“可信”意指密钥需要在中继节点落地，因此这个节点一定要是可信的。目前，由潘建伟团队牵头承担的基于可信中继技术的量子保密通信“京沪干线”项目已全线贯通，不久后将投入运行。“京沪干线”共有31座中继站点，光纤总长2000余公里，从北京出发，经过济南、合肥，到达上海。干线开通后，将率先开展在金融、政务、军民融合等领域的应用示范。

然而，光纤也并不能处处可达。研究者们意识到，真空里不会有光的损耗，想要实现覆盖全球的广域量子保密通信，还需要借助卫星的中转。2005年，潘建伟团队实现了13公里自由空间量子纠缠和密钥分发实验，证明了光子穿透大气层后，其量子态能够有效保持，从而验证了星地量子通信的可行性。此后，在“远距离量子通信实验研究”和“空间尺度量子实验关键技术与验证”两个中科院知识创新工程重大项目的支持下，潘建伟团队联合中科院上海技术物理研究所、中科院微小卫星工程中心等单位，开展了一系列关键技术突破与地面验证实验，先后实现了16公里自由空间量子隐形传态、100公里级自由空间量子隐形传态和双向量子纠缠分发、星地量子通信的全方位地基验证等重要实验，为“墨子号”的成功研制和发射奠定了坚实的科学与技术基础。

“墨子号”卫星的成功发射和在轨运行，将使我国在世界上首次实现卫星和地面之间的量子通信，构建天地一体化的量子保密通信与科学实验体系。在未来两年内，“墨子号”卫星将开展三项科学实验，目标是在空间量子通信实用化方面取得更大突破，并且在国际上首次在空间尺度上检验量子理论的正确性。结合“墨子号”与“京沪干线”，将初步构建我国天地一体化的广域量子通信网络基础设施。

（二）量子反常霍尔效应

2013年，由清华大学薛其坤院士领衔、清华大学物理系和中国科学院物理研究所组成的实验团队，从实验上首次观测到“量子反常霍尔效应”（Quantized Anomalous Hall Effect）。这一研究成果于2013年3月14日发表在美国《科学》杂志上。这是中国科学家从实验中独立观测到的一个重要物理现象，也是物理学基础研究领域的一项重要科学发现。

“量子霍尔效应”是凝聚态物理领域最重要、最基本的量子效应之一。它是一种典型的宏观量子效应，是大量电子的量子行为在宏观尺度上的表现。与霍尔效应一样，量子霍尔效应的产生也需要非常强的外磁场。1988年，美国物理学家霍尔丹（F. Duncan M. Haldane）提出可能存在不需要外磁场的量子霍尔效应，即量子反常霍尔效应。之后，人们一直试图找到能实现这一特殊量子效应的材料体系和具体物理途径。然而，由于量子反常霍尔效应的实现非常困难，需要精准的材料设计、制备与调控，很长时间内在理论和实验上并没有取得实质性进展。2008 年，美国斯坦福大学华裔物理学家张首晟提出，在磁性掺杂的拓扑绝缘体中可实现量子反常霍尔效应。2010 年，中国科学院物理研究所方忠和戴希研究员带领的团队与张首晟教授合作，从理论和材料设计上取得突破。他们提出 Cr 或 Fe 磁性离子掺杂的 Bi2Te3、Bi2Se3、Sb2Te3 族拓扑绝缘体中存在着特殊的 Van Vleck 铁磁交换机制，能形成稳定的铁磁绝缘体，是实现量子反常霍尔效应的最佳体系。这个方案引起了国际同行的广泛关注。德国、美国和日本等多个国家的研究组沿着这个思路在实验上寻找量子反常霍尔效应，但一直没有取得突破。①

2013 年初，在薛其坤院士的带领下，中国科学院物理研究所、清华大学物理系的四个研究组组成的实验团队，与中国科学院物理研究所及美国斯坦福大学组成的理论团队，在量子反常霍尔效应的实验观测上取得了决定性的突破。他们克服了薄膜生长、磁性掺杂、门电压控制、低温输运测量等多道难关，一步步实现了对拓扑绝缘体的电子结构、长程铁磁序以及能带拓扑结构的精密调控。在近四年的坚持不懈的研究中，他们生长和测量了 1000 多个样品。最终，他们利用分子束外延方法生长出了高质量的 Cr 掺杂 (Bi,Sb)2Te3 拓扑绝缘体磁性薄膜，并在极低温输运测量装置上成功地观测到了量子反常霍尔效应。他们发现在一定的外加栅极电压范围内，此材料在零磁场中的反常霍尔电阻达到了量子霍尔效应的特征值 h/e2–25800 欧姆。②

那么，“量子反常霍尔效应”的发现有什么重要的科学意义和潜在的技术应用呢？首先，这一效应的发现大大加深了我们对微观世界的

---

① 科研进展［J］. 中国科学院院刊，2013（3）.

② “量子反常霍尔效应”研究取得重大突破［EB/OL］.［2016-12-26］.http://www.cas.cn/xw/zyxw/ttxw/201303/t20130315_3793205.shtml.

认识。其次，利用这一效应可以实现无耗散、低能耗的高速电子器件，并由此推动信息和能源产业的巨大进步。当然，由于目前量子反常霍尔效应只有在极低的温度下才能观察到，谈论这些应用似乎还为时过早。通过在材料上的突破，也许在未来的某天你会发现，“量子反常霍尔效应”会广泛地应用在我们每天使用的移动电子器件上。

七、LAMOST 和 FAST

天文学是孕育重大原创发现的前沿科学。中国科学院国家天文台主导建设的 LAMOST（大天区面积多目标光纤光谱天文望远镜，又称郭守敬望远镜）和 FAST（500 米口径球面射电望远镜），是天文学领域的两项大科学工程，将中国推向国际天文学观测和研究的最前沿。

天文学的对象是天体，而天体的光谱蕴含着极为丰富的物理信息，透过这些信息，可望揭示银河系乃至整个宇宙形成和演化的秘密。虽然此前天文学家已经获得了数亿的目标天体的位置和亮度的信息，但是只对其中的约万分之一进行过光谱观测。由中国研制的 LAMOST，是目前世界上口径最大的大视场望远镜和光谱获取率最高的望远镜，因而是进行高效率、大视场光谱观测以及大样本天文研究的有力工具，能帮助人类观测大量天体目标的光谱，并借此更深入地了解更多目标天体的物理性质。LAMOST 最突出的特点是大口径（不同天区的平均通光口径是 4.3 米）兼具大视场（5 度），并配备了 4000 根光线组成的超大规模光谱观测系统。与国际上同类型巡天项目相比，无论在口径还是观测效率上都有极大提升，在主动光学、光纤定位等方面达到了国际领先水平。

LAMOST 的基本原理是王绶琯院士和苏定强院士于 20 世纪 90 年代初提出的“反射施密特望远镜”概念，就是利用当时新兴的主动光学技术，将施密特望远镜的改正透镜更换为反射镜，通过主动光学实时改变成适当形状的非球面反射镜，改正固有的球面相差。在此基础上，结合一次性可观测4000个天体目标的光纤自动定位系统，最终形成大口径、大视场光谱巡天望远镜建设方案。

LAMOST于1996年被列为国家“九五”重大科学工程项目，2001年正式开工建设，2009年通过国家验收，后经过专业调试于2011年开始正式光谱巡天。主要科学任务包括三个方面：银河系光谱巡天、多波段天体交叉认证和星系光谱巡天。2015年3月，国家天文台向全世界公开发布LAMOST首批巡天光谱数据。迄今，LAMOST已经成功获得近700万条光谱，超过世界上其他光谱巡天项目获取的光谱数据总和，为人类更好地了解银河系的结构和演化以及宇宙中的诸多奥秘提供了宝贵资源。利用这些巡天数据，中国天文学家陆续在LAMOST的光谱“星海”中发现了各式各样的特殊天体，构建了一批具有研究价值的恒星样本，为研究银盘、银晕的结构和化学动力学性质及演化奠定了坚实的基础，并且不断在恒星演化及银河系化学动力演化和暗物质分布方面取得有影响力的成果。国际著名天文学家、主动光学先驱威尔逊认为：“LAMOST包括了最先进的现代望远镜技术的每一个方面……应该祝贺中国支持了这样一个伟大的技术，以及成长出这样一支杰出的光学队伍，他们实现了LAMOST，并将中国的望远镜技术推进到世界最高水平的前沿”。

FAST是继LAMOST之后中国天文领域的又一座丰碑。20世纪90年代，国际上众多科学家设想，要赶在地球表面电波环境被彻底破坏之前，建设一批大型射电望远镜及其阵列，以便真正看一眼初始的宇宙，帮助弄清宇宙结构的形成和演化。在这一背景下，中国天文学家1994年提出建设FAST的最初构想。这一构想于1999年被列为中国科学院知识创新工程项目并取得重要进展，2007年成为国家重大科技基础设施建设项目。2011 年 3 月，FAST 正式开工建设，2016 年 9 月落成启用。从预制研究到最终建成，历时 22 年，中国老中青三代科技工作者克服了关键技术无先例可循、关键材料急需攻关、核心技术遭遇封锁等困难，在射电望远镜口径、灵敏度、分辨率、巡星速度等关键指标上全面超越国际先进水平。

FAST 项目的创新主要体现在三个方面：一是发现并利用了独一无二的贵州天然喀斯特洼坑作台址；二是在洼坑内铺设 500 米口径球冠状主动反射面，观测时被照明部分形成 300 米口径瞬时抛物面，在地面改正球差，实现实时宽带和全偏振；三是馈源支撑采用光机电一体化的轻型索拖动机构，馈源舱内装有二次稳定平台，在焦点与主动反射面之间无刚性连接的情况下，实现望远镜的精确快速指向跟踪和毫米级高精度定位，同时把馈源舱减重到 30 吨，大大降低了建造成本。基于这些创新，FAST 成为了目前世界第一大单口径射电望远镜，可以实现大天区面积、高精度的天文观测，甚至可以接收到 137 亿光年以外的电磁信号，这个距离接近宇宙的边缘。与德国波恩 100 米射电望远镜相比，FAST 灵敏度提高了约 10 倍；与美国 Arecibo300 米望远镜相比，FAST 灵敏度高了 2.25 倍。可以预计，FAST 将在未来 20–30 年保持世界一流设备的地位。中共中央总书记、国家主席习近平在 FAST 落成启用的贺信中，对 FAST 给予了充分肯定：“500 米口径球面射电望远镜被誉为‘中国天眼’，是具有我国自主知识产权、世界最大单口径、最灵敏的射电望远镜。它的落成启用，对我国在科学前沿实现重大原创突破、加快创新驱动发展具有重要意义。”

基于 FAST 强大的观测能力，天文学家期望达到如下科学目标：将中性氢观测延伸至宇宙边缘，重现宇宙早期图像；发现大量新的脉冲星，建立脉冲星计时阵，参与未来脉冲星自主导航和引力波探测；主导国际甚长基线干涉测量网，获得天体的超精细结构；进行高分辨率

FAST 远景图

微波巡视，检测微弱空间信号；参与地外文明搜寻；参与子午链工程，提高非相干散射雷达双机系统性能；将深空通讯能力延伸至太阳系外缘行星，将卫星数据接收能力提高100倍。2016年9月，FAST科研人员在进行试验性观测时，已经成功接收到来自1351光年外一颗脉冲星发出的脉冲信号。按计划，FAST还将和中国其他5座射电望远镜组成“天眼”群——甚长基线干涉测量网，并主导国际射电领域的低频测量网，从而更好地获取天体超精细结构。可以说，FAST工程建设凝聚了国内100多家单位的力量，实现了我国大科学工程由跟踪模仿到集成创新的跨越，为我国射电天文多个研究领域和自然科学相关领域提供了做出重大科学发现的机会。

八、空间科学卫星①

中国空间科学卫星探索计划始于1997年，当时由中科院院士刘振

① 该部分主要参考：徐菁．百尺竿头须进步，空间科学谱新章［J］．中国航天，2005（7）；倪思洁．双星计划启动近十年我国未发射一颗科学卫星［N］．中国科学报，2014-7-15.

兴牵头，经相关专家多次讨论，提出地球空间双星探测计划，即“双星计划”。

2003 年 12 月 30 日，“双星计划”中的第一颗卫星“探索一号”在西昌卫星发射中心成功发射升空。“探索一号”的发射，创下了多项中国第一：它是当时中国发射的距离地球最远的一颗卫星，也是中国第一次发射高轨道卫星。2004 年 7 月 25 日，“双星计划”中的第二颗卫星“探索二号”在太原卫星发射中心成功发射升空。“双星计划”使中国在科学实验卫星技术方面，达到了国际同类技术水平。

在 2014 年 7 月召开的“中国空间科学的发展战略”论坛上，与会专家一致认为，中国空间科学相当薄弱，应该有所作为。一年多之后——2015 年 12 月 17 日，中国科学卫星系列首星——暗物质探测卫星“悟空”在酒泉卫星发射中心发射升空。这颗卫星主要通过探测宇宙中高能粒子的方向、能量以及电荷大小来间接寻找和研究暗物质粒子。它的轨道高度 500 公里，它是迄今为止观测能段范围最宽、能量分辨率最优的空间探测器，超过国际上所有同类探测器。

什么是暗物质呢？20 世纪，天文学家发现宇宙在不断膨胀，并且通过宇宙微波背景辐射，推算出了宇宙的年龄、能量密度和膨胀速度。但是，天文学家发现如果没有一种新粒子参与的话——其引力效应要比已知粒子的引力效应大，那么宇宙就无法进化到现在的样子。科学家便把这种新粒子称为暗物质，进而发现宇宙中的可见物质（普通物质）大致占宇宙 4%，暗物质占 23%，其余 73% 是非物质的暗能量。暗物质最大的特点是不参与电磁作用，只能通过引力产生的效应感受其存在。

寻求暗物质有几种途径，其中一种是空间间接探测。因为暗物质粒子可能会湮灭或衰变，期间发出的宇宙射线可能被发射到太空中的探测器探测到。“悟空”正是利用这一途径进行探测的。“悟空”得名于神通广大会七十二般变化的齐天大圣孙悟空。孙悟空作为国人熟知的神话形象，和嫦娥、天宫一样具有独特的中国符号而广为人知。此外，悟空有着无所畏惧的勇气，有一双火眼金睛能看穿一切黑暗，这正契合了暗物质粒子探测卫星探测暗物质的初衷。截至2016年6月，“悟空”已获得6亿多高能粒子，分析这些粒子的能谱或空间分布，可以深入研究暗物质粒子和宇宙射线等相关科学问题。

继“悟空”之后，2016年4月6日，中国科学卫星系列第二颗——“实践十号”返回式科学实验卫星在酒泉卫星发射中心被送入太空。该卫星是中国发射的第25颗返回式卫星，也是首颗大规模实施无人空间微重力实验的返回式科学卫星。“实践十号”搭载19项科学实验项目，其中微重力科学实验10项，空间生命科学实验项目9项。经过12天的太空飞行后，于18日成功返回。

2016年8月16日发射的“墨子”号量子实验卫星是中科院空间科学先导专项首批科学卫星的第三颗。之所以被命名为“墨子”号，是因为墨子是中国战国初期“墨家学派”的创始人，他描述了“小孔成像”等物理现象。

第五章

创新驱动发展

创新驱动发展是世界大势所趋，全球新一轮的科技革命正在加速演进，科学探索从微观到宏观、宇观尺度上纵深拓展，以智能、绿色、泛在为特征的群体性技术革命将引发国际产业分工重大调整，颠覆性技术不断涌现，正在重塑世界竞争格局、改变国家力量对比，因此创新驱动成为当今国际竞争的核心战略。中国共产党第十八次代表大会提出实施创新驱动发展战略，并在 2016 年 5 月印发了《国家创新驱动发展战略纲要》，分别提出了到 2020 年、2030 年、2050 年的科技创新战略目标，必将全面推动中国的创新型国家建设及助力中华民族的伟大复兴。中国共产党第十九次代表大会进一步明确了创新在引领经济社会发展中的战略地位，标志着创新驱动作为一项基本国策，在新时代中国发展的征程上，将发挥越来越显著的战略支撑作用。中国共产党领导科技事业不断前进的宝贵经验是：与时俱进地形成正确的科学认知，审时度势地制定符合中国国情的科技发展战略。创新驱动发展战略的提出，正是如此。当前中国正处在一个关键时期，经济已经由高速增长阶段转向高质量发展阶段，推动经济发展的质量变革、效率变革、动力变革，提高经济创新力和竞争力，都必须依赖创新驱动发展战略。总之，创新是引领发展的第一动力，是建设现代化经济体系的战略支撑。

第一节　创新发展理念与战略

发展理念是发展行动的先导。中国共产党的十八大以来，以习近平同志为核心的党中央提出了一系列治国理政的新理念、新方略，逐步形成了五大发展理念。

一、五大发展理念的内涵

十八届五中全会提出，实现“十三五”时期发展目标，破解发展难题，厚植发展优势，必须牢固树立并切实贯彻“创新、协调、绿色、开放、共享”的发展理念。[①]五大发展理念，是“十三五”乃至更长时期我国发展思路、发展方向、发展着力点的集中体现，也是改革开放30多年来我国发展经验的集中体现，反映出我们党对我国发展规律的新认识。

创新是引领发展的第一动力。必须把创新摆在国家发展全局的核心位置，不断推进理论创新、制度创新、科技创新、文化创新等各方面创新，让创新贯穿党和国家一切工作，让创新在全社会蔚然成风。

协调是持续健康发展的内在要求。必须牢牢把握中国特色社会主义事业总体布局，正确处理发展中的重大关系，重点促进城乡区域协调发展，促进经济社会协调发展，促进新型工业化、信息化、城镇化、农业现代化同步发展，在增强国家硬实力的同时注重提升国家软实力，不断增强发展整体性。

① 新华社. 中国共产党第十八届中央委员会第五次全体会议公报［EB/OL］.［2016-12-20］. http://news.xinhuanet.com/fortune/2015-10/29/c_1116983078.htm.

绿色是永续发展的必要条件和人民对美好生活追求的重要体现。必须坚持节约资源和保护环境的基本国策，坚持可持续发展，坚定走生产发展、生活富裕、生态良好的文明发展道路，加快建设资源节约型、环境友好型社会，形成人与自然和谐发展现代化建设新格局，推进美丽中国建设，为全球生态安全作出新贡献。

开放是国家繁荣发展的必由之路。必须顺应我国经济深度融入世界经济的趋势，奉行互利共赢的开放战略，坚持内外需协调、进出口平衡、引进来和走出去并重、引资和引技引智并举，发展更高层次的开放型经济，积极参与全球经济治理和公共产品供给，提高我国在全球经济治理中的制度性话语权，构建广泛的利益共同体。

共享是中国特色社会主义的本质要求。必须坚持发展为了人民、发展依靠人民、发展成果由人民共享，做出更有效的制度安排，使全体人民在共建共享发展中有更多获得感，增强发展动力，增进人民团结，朝着共同富裕方向稳步前进。①

“五大发展理念”相互贯通、相互促进，是具有内在联系的集合体，是对传统发展理论的革新升级，是对现代发展理论内涵的全面提升。其中，创新发展是“十三五”时期经济结构实现战略性调整的关键驱动因素，是实现“五位一体”总体布局下全面发展的根本支撑和关键动力；协调发展是全面建成小康社会之“全面”的重要保证，是提升发展整体效能、推进事业全面进步的有力保障；绿色发展是实现生产发展、生活富裕、生态良好的文明发展道路的历史选择，是通往人与自然和谐境界的必由之路；开放发展是中国基于改革开放成功经验的历史总结，也是拓展经济发展空间、提升开放型经济发展水平的必然要求；共享发展是社会主义的本质要求，是社会主义制度优越性

① 新华社. 中共中央关于制定国民经济和社会发展第十三个五年规划的建议［EB/OL］.［2016-12-22］.http://news.xinhuanet.com/fortune/2015-11/03/c_1117027676.htm.

的集中体现，也是我们党坚持全心全意为人民服务根本宗旨的必然选择。坚持创新发展、协调发展、绿色发展、开放发展、共享发展，是关系我国发展全局的一场深刻变革，必须一体推进、一起发力，才能赢得全面建成小康社会的全面胜利。

二、创新发展的总体要求

十八届五中全会从“培育发展新动力、拓展发展新空间、深入实施创新驱动发展战略、大力推进农业现代化、构建产业新体系、构建发展新体制、创新和完善宏观调控方式”等七个方面，明确了创新发展的着力点，为未来五年创新发展提供了路线图。

在培育发展新动力方面，要求“优化劳动力、资本、土地、技术、管理等要素配置，激发创新创业活力，推动大众创业、万众创新，释放新需求，创造新供给，推动新技术、新产业、新业态蓬勃发展。”

在发展新空间方面，要求“形成沿海沿江沿线经济带为主的纵向横向经济轴带，培育壮大若干重点经济区，实施网络强国战略，实施‘互联网＋’行动计划，发展分享经济，实施国家大数据战略。”

在深入实施创新驱动发展战略方面，要求“发挥科技创新在全面创新中的引领作用，实施一批国家重大科技项目，在重大创新领域组建一批国家实验室，积极提出并牵头组织国际大科学计划和大科学工程。”

在大力推进农业现代化方面，要求“加快转变农业发展方式，走产出高效、产品安全、资源节约、环境友好的农业现代化道路。”

在构建产业新体系方面，要求“加快建设制造强国，实施《中国制造二〇二五》，实施工业强基工程，培育一批战略性产业，开展加快发展现代服务业行动。”

在构建发展新体制方面，要求“加快形成有利于创新发展的市场环境、产权制度、投融资体制、分配制度、人才培养引进使用机制，深化行政管理体制改革，进一步转变政府职能，持续推进简政放权、放管结合、优化服务，提高政府效能，激发市场活力和社会创造力，完善各类国有资产管理体制，建立健全现代财政制度、税收制度，改革并完善适应现代金融市场发展的金融监管框架。”

在创新和完善宏观调控方式方面，要求“在区间调控基础上加大定向调控力度，减少政府对价格形成的干预，全面放开竞争性领域商品和服务价格。”

三、创新驱动发展战略的内涵

（一）理论内涵

约瑟夫·熊彼特（Joseph Alois Schumpeter）于1912年首次提出“创新”的概念，是指把一种新的生产要素和生产条件的“新组合”引入生产体系。现代管理学之父彼得·德鲁克认为，创新是赋予资源以新的创造财富能力的行为，主要包括技术创新和社会创新。美国经济学家道格拉斯·诺斯认为，经济发展是制度创新与技术创新不断互相促进的过程。经济合作发展组织（OECD）将创新定义为“一种新的或显著改进的产品（货物和服务）、工艺过程、商业模式、组织方式等的实现”。《美国创新战略》将创新定义为“一个人或机构提出一个新的主意并将其付诸实践的过程”。综合来看，经济学意义上的“创新”，主要指新技术的商业化应用，也包括管理创新、商业模式创新、制度创新等方面。

关于创新驱动的理论研究主要集中在经济领域。哈佛商学院教授、全球第一战略权威迈克尔·波特认为，一个国家或地区的经济发展，将经历生产要素驱动、投资驱动、创新驱动和财富驱动四个阶段。一般认为，创新驱动经济增长是指经济增长主要通过技术进步、劳动者素质提高、管理创新等因素推动，而不是靠资本、劳动等生产要素数量投入的推动。人类文明发展中，经济社会的发展动力，经历了资源驱动、资本驱动到创新驱动的历程。农业经济时代主要依靠资源驱动。工业革命以来，资本成为主要驱动力，技术发明的作用逐步增强。20世纪90年代以来，科技创新逐渐成为主要驱动力，人类社会正在进入知识经济时代。当今世界，各国发展并不平衡，有的国家主要依靠自然资源发展，有的则主要依靠投资驱动，也有的国家主要依靠创新驱动，创新驱动引领着世界发展的主流和未来。

国内一些专家学者对创新驱动的内涵有许多讨论，主要观点包括：

其一，“创新”是包括科技创新、产业创新、文化创新等各层面创新在内的广义创新，但科技创新应是这种全面创新的基础和核心。[①]“科技创新”包括科学技术的知识创新和技术创新。知识创新属于科学技术领域的源头创新，通过科学技术研究活动获得新理论、新原理、新知识和新方法。技术创新需要根据社会需要和市场需求，通过不断改进生产和工艺、变革管理和组织模式，将科学技术成功运用于生产和管理，为社会和消费者提供新产品和新服务。

其二，在创新驱动发展的概念下，“发展”是包括经济、社会、科技、文化发展以及人的全面发展的综合概念，而“创新”已经从经济驱动的要素扩展到整个经济社会体系，改变经济社会发展模式，成为发展的核心驱动力。创新不仅推动经济增长、社会进步，深刻改变人类生产方式和生活方式，也为不断提升人的精神境界、实现人的全面发展提供了知识源泉，从而推动人类社会文明进步。

---

① 潘教峰. 建设一个创新友好的社会［J］. 瞭望新闻周刊，2016（17）.

其三，创新驱动发展是“依靠人、为了人”的发展[①]。“人的智力”成为第一生产要素，知识、信息等无形资产成为主要的要素投入。这类要素投入具有非稀缺性、非排他性与非消耗性等特点，其生产率远远高于资本、自然资源和劳动力，而且在生产中的作用是收益递增的。经济发展，既包括经济量的增长，还包括社会经济结构的转换和人民生活水平的提高及质量改善。创新驱动发展不仅仅是为了GDP数位的攀升，不仅仅是为了综合国力的增强，更是为了“民生”福祉。

其四，创新驱动发展是打造“先发优势”的发展。后发国家在追赶末期必须实现“蛙跳”，而要实现“蛙跳”，就必须打造“先发优势”，通过科技创新，在关键产业、支柱产业、主导产业领域实施技术赶超和创新。而克服这些经济发展之“短”，则要靠制度创新，变“后发劣势”为“先发优势”。

其五，创新驱动发展是由企业家驱动的发展。企业家凭借其敏锐的感觉，发现市场中存在未被认识的、无法预料的机会，以及未被开发或被误用的资源，并且先人一步付诸利用。乔布斯就是这样的企业家，成功地组织和配备创新资源，成功地将创新引入市场，赢得市场直至引领市场。Apple II、Pixar、iPod、iPhone 分别重新定义了人们对个人电脑、电影、音乐、手机的看法，是对人们生活方式的颠覆。

（二）现实意义

实施创新驱动发展战略，是中央在新的发展阶段确立的立足全局、面向全球、聚焦关键、带动整体的国家重大发展战略。梳理新中国科技发展60多年的脉络，从“向科技进军”到“科学技术是第一生产力”，从“科教兴国战略”到“建设创新型国家”，从“创新驱动发展战略”到“创新发展理念”，创新始终是发展的关键词，从前期着重强

---

① 张来武．论创新驱动发展［J］．中国软科学，2013（1）．

调科技创新，到与深化改革相连的体制机制创新，再到如今上升到指导理念的创新发展，这是顺应历史大潮的必然选择。

其一，创新驱动是国家命运所系。国家力量的核心支撑是科技创新能力。创新强则国运昌，创新弱则国运殆。我国近代落后挨打的重要原因是与历次科技革命失之交臂，导致科技弱、国力弱。实现中华民族伟大复兴的中国梦，必须真正用好科学技术这个最高意义上的革命力量和有力杠杆。

其二，创新驱动是发展形势所迫。我国经济发展进入新常态，传统发展动力不断减弱，粗放型增长方式难以为继。必须依靠创新驱动打造发展新引擎，培育新的经济增长点，持续提升我国经济发展的质量和效益，开辟我国发展的新空间，实现经济保持中高速增长和产业迈向中高端水平“双目标”。

其三，创新驱动是世界大势所趋。全球新一轮科技革命、产业变革和军事变革加速演进，科学探索从微观到宏观各个尺度上向纵深拓展，以智能、绿色、泛在为特征的群体性技术革命将引发国际产业分工重大调整，颠覆性技术不断涌现，正在重塑世界竞争格局、改变国家力量对比，创新驱动成为许多国家谋求竞争优势的核心战略。我国既面临赶超跨越的难得历史机遇，也面临差距拉大的严峻挑战。唯有勇立世界科技创新潮头，才能赢得发展主动权，为人类文明进步作出更大贡献。

我国已经具备发力加速的基础。经过多年努力，科技发展正在进入由量的增长向质的提升的跃升期，科研体系日益完备，人才队伍不断壮大，科学、技术、工程、产业的自主创新能力快速提升。经济转型升级、民生持续改善和国防现代化建设对创新提出了巨大需求。庞大的市场规模、完备的产业体系、多样化的消费需求与互联网时代创新效率的提升相结合，为创新提供了广阔空间。中国特色社会主义制度能够有效结合集中力量办大事和市场配置资源的优势，为实现创新驱动发展提供了根本保障。必须把驱动发展作为创新的根本目的，把科技优势进一步转化为产业优势、经济优势，打通从科技强到产业强、经济强的通道，实现由科技大国向创新强国的根本性转变。

（三）战略要求

党的十八大提出实施创新驱动发展战略，强调科技创新是提高社会生产力和综合国力的战略支撑，必须摆在国家发展全局的核心位置。习近平总书记围绕为什么要实施创新驱动发展战略和怎样实施创新驱动发展战略问题，提出了许多新观点、新论断。党中央、国务院研究出台了一系列政策文件。从《关于深化体制机制改革加快实施创新驱动发展战略的若干意见》，到《国家创新驱动发展战略纲要》、《深化科技体制改革实施方案》、《关于发展众创空间推进大众创新创业的指导意见》等，不断丰富完善创新驱动发展战略的内涵。

2012 年 11 月，党的十八大报告中提出，“实施创新驱动发展战略。科技创新是提高社会生产力和综合国力的战略支撑，必须摆在国家发展全局的核心位置。”

2014 年 8 月 18 日，习近平总书记主持召开了中央财经领导小组第七次会议，研究实施创新驱动发展战略。会上，习近平总书记阐述了实施创新驱动发展战略的基本要求，提出了四点意见。一是把握正确方向，明确科技创新主攻方向和突破口；二是集聚创新人才，加快形成创新型人才队伍；三是健全体制机制，精心设计和大力推进改革；四是加强国际合作，积极融入全球创新网络。

2015 年 3 月，《关于深化体制机制改革加快实施创新驱动发展战略的若干意见》提出总体思路：“加快实施创新驱动发展战略，就是要使市场在资源配置中起决定性作用和更好发挥政府作用，破除一切制约创新的思想障碍和制度藩篱，激发全社会创新活力和创造潜能，提升劳动、信息、知识、技术、管理、资本的效率和效益，强化科技同经济对接、创新成果同产业对接、创新项目同现实生产力对接、研发人员创新劳动同其利益收入对接，增强科技进步对经济发展的贡献度，营造大众创业、万众创新的政策环境和制度环境。”①

2015 年 10 月，十八届五中全会公报提出“深入实施创新驱动发展战略，发挥科技创新在全面创新中的引领作用，实施一批国家重大科技项目，在重大创新领域组建一批国家实验室，积极提出并牵头组织国际大科学计划和大科学工程。”②

2015 年 11 月，《“十三五”规划建议》提出，“深入实施创新驱动发展战略。发挥科技创新在全面创新中的引领作用，加强基础研究，强化原始创新、集成创新和引进消化吸收再创新。推进有特色高水平大学和科研院所建设，鼓励企业开展基础性前沿性创新研究，重视颠覆性技术创新。实施一批国家重大科技项目，在重大创新领域组建一批国家实验室。积极提出并牵头组织国际大科学计划和大科学工程。”同时，还强调了四个方面工作：推动政府职能从研发管理向创新服务转变，强化企业创新主体地位和主导作用，深化科技体制改革，扩大高校和科研院所自主权。

2016 年 3 月，《十三五规划纲要》，在阐述“实施创新驱动发展战略”部分提出，“把发展基点放在创新上，以科技创新为核心，以人才发展为支撑，推动科技创新与大众创业万众创新有机结合，塑造更多依靠创新驱动、更多发挥先发优势的引领型发展。”同时，强调了五个方面内容：强化科技创新引领作用，深入推进大众创业万众创新，

---

① 新华社. 中共中央、国务院关于深化体制机制改革加快实施创新驱动发展战略的若干意见［EB/OL］.［2016-12-23］.http://news.xinhuanet.com/2015-03/23/c_1114735805.htm.

② 中国共产党第十八届中央委员会第五次全体会议公报（2015 年 10 月 29 日中国共产党第十八届中央委员会第五次全体会议通过）

构建激励创新的体制机制，实施人才优先发展战略，拓展发展动力新空间。①

2016 年 5 月，《国家创新驱动发展战略纲要》明确了实施创新驱动发展的战略要求。指导思想是：以邓小平理论、“三个代表”重要思想、科学发展观为指导，深入贯彻习近平总书记系列重要讲话精神，按照“四个全面”战略布局的要求，坚持走中国特色自主创新道路，解放思想、开放包容，把创新驱动发展作为国家的优先战略，以科技创新为核心带动全面创新，以体制机制改革激发创新活力，以高效率的创新体系支撑高水平的创新型国家建设，推动经济社会发展动力根本转换，为实现中华民族伟大复兴的中国梦提供强大动力。

概括起来，可以从以下方面去理解“创新驱动发展战略”的内涵与要求：

其一，创新是引领发展的第一动力。应更新创新观念，摆脱惯性思维，改变传统思维定式造成的创新路径依赖。②只有站在创新源头的制高点上，才能实现原始创新能力质的跃升，满足我国现代化建设的重点需求，引领世界科技发展的方向。

其二，科技创新应在其中发挥核心作用。走好科技创新先手棋③，科学研判世界经济科技发展大势和我国经济社会发展全局，构建创新引领和支撑发展的技术和产业体系，找准关键掣肘，在重点领域和关键环节上先行先试，在深化改革、务求实效中探索新路。

其三，最根本的是要增强自主创新能力。坚持自主创新导向，补上关键领域核心技术短板④，塑造引领型发展，不断增强竞争新优势，

---

① 新华社. 中共中央关于制定国民经济和社会发展第十三个五年规划的建议.［EB/OL］.［2016-12-23］.http://news.xinhuanet.com/fortune/2015-11/03/c_1117027676.htm.

② 潘教峰. 突破创新路径依赖［J］. 瞭望新闻周刊，2016（9）.

③ 潘教峰. 走好科技创新这步先手棋［J］. 瞭望新闻周刊，2016（12）.

④ 潘教峰. 补上核心技术短板［J］. 瞭望新闻周刊，2016（22）.

使创新成为财富增长和可持续发展的主要驱动力，经济社会发展从要素驱动、投资驱动转变到创新驱动。

其四，最紧迫的是要破除体制机制障碍。建设创新友好的社会①，从发展战略、制度法规、政策措施等方面，全面推进有利于创新的环境建设，下力气拆除阻碍创新的体制机制藩篱，让创新元素充分结合，创新活力竞相迸发。

其五，人才资源是创新的第一资源。“功以才成，业由才广”，只有在创新实践中发现人才、在创新活动中培育人才、在创新事业中凝聚人才，把人才的积极性、创造性激发出来、调动起来，才能形成磅礴的创新力量，为人才强国和科技强国建设注入不竭动力。②

四、科技创新的作用与重要任务

十八大报告在提出实施创新驱动发展战略时强调，“必须把科技创新摆在国家发展全局的核心位置”。这不仅把科技创新提到了前所未有的新高度，而且也对科技创新提出了前所未有的新要求，核心就是要把驱动发展作为创新的根本目的。

习近平总书记在中国科学院第十七次院士大会和中国工程院第十二次院士大会开幕会上的讲话，着重强调了三个方面：一是实施创新驱动发展战略最根本的是要增强创新能力；二是要切实加强我国创新基础，着力解决原创能力不强、关键领域核心技术受制于人的问题；三是发展科学技术必须具有全球视野，要努力抓住新一轮科技革命和产业变革的重大机遇。这三点是我国科技界实施创新驱动发展战略最重要最根本的任务。

---

①潘教峰．建设一个创新友好的社会［J］．瞭望新闻周刊，2016（17）．

②潘教峰．开启未来30年科技新征程［J］．瞭望新闻周刊，2016（23）．

根据《“十三五”国家科技创新规划》，“十三五”将从四个方面落实创新驱动发展战略、落实五大发展理念。一是以“科技创新2030—重大项目”为引导来构建我国的先发优势，培育持续创新能力；二是要构建低成本、高效率的创新创业服务网络；三是建设现代化的产业技术体系；四是要继续深化改革，提升创新能力。同时在充分发挥创新第一动力方面做出了具体安排。主要包括：一是远近结合。一方面大力推进先进技术成果转化为现实生产力，实施科技成果转移转化行动，加快构建十大产业技术体系，培育新的经济增长点。另一方面，面向国家长远战略需求，布局科技创新2030—重大项目。比如量子通信、天地一体化信息系统、国家网络空间安全、智能制造与机器人、脑科学等。二是软硬兼施。一方面，强调大力发展基础研究，特别是加强自由探索的研究和学科体系建设。另一方面，要面向国家经济社会发展的紧迫需求，加快国家实验室、大科学装置设施建设，打造科技创新的战略力量，大力提升科技创新基础能力。三是双轮驱动。科技创新和体制机制创新双轮驱动，既强调创新驱动发展，也强调改革驱动创新。力争在关系经济实力和核心竞争力的关键领域加强部署，同时也围绕科技管理体制改革、企业主体地位、高效研发体系、技术成果转移转化机制体系等方面进行部署，力争在制约科技发展的体制机制障碍上有新的突破。四是内外贯通。强调在关键核心技术上自主可控，提高自主创新能力，同时又强调坚持以全球视野来谋划创新，积极主动地融入布局全球网络，积极主动参与全球创新治理，促进国内国外创新资源的双向流动，全方位提高我们国家科技创新的国际化水平。[①]

① 国务院关于印发“十三五”国家科技创新规划的通知［EB/OL］.［2016-12-26］.http://www.most.gov.cn/mostinfo/xinxifenlei/gjkjgh/201608/t20160810_127174.htm.

第二节　从创新型国家到世界科技创新强国

《国家创新驱动发展战略纲要》围绕“四个全面”的战略布局，明确了实施创新驱动发展战略的指导思想、总体要求、战略任务和保障措施，提出了到2020年进入创新型国家、2030年跻身创新型国家前列、到2050年建成世界科技创新强国“三步走”目标。这是新时期推进创新工作的纲领性文件，是建设创新型国家的行动指南。

一、宏伟的图景：三步走目标

《国家创新驱动发展战略纲要》提出了“三步走”战略目标：

第一步，到2020年进入创新型国家行列，基本建成中国特色国家创新体系，有力支撑全面建成小康社会目标的实现。

——创新型经济格局初步形成。若干重点产业进入全球价值链中高端，成长起一批具有国际竞争力的创新型企业和产业集群。科技进步贡献率提高到60%以上，知识密集型服务业增加值占国内生产总值的20%。

——自主创新能力大幅提升。形成面向未来发展、迎接科技革命、促进产业变革的创新布局，突破制约经济社会发展和国家安全的一系列重大瓶颈问题，初步扭转关键核心技术长期受制于人的被动局面，在若干战略必争领域形成独特优势，为国家繁荣发展提供战略储备、拓展战略空间。研究与试验发展(R&D)经费支出占国内生产总值比重达到2.5%。

——创新体系协同高效。科技与经济融合更加顺畅，创新主体充满活力，创新链条有机衔接，创新治理更加科学，创新效率大幅提高。

——创新环境更加优化。激励创新的政策法规更加健全，知识产权保护更加严格，形成崇尚创新创业、勇于创新创业、激励创新创业的价值导向和文化氛围。

第二步，到2030年跻身创新型国家前列，发展驱动力实现根本转换，经济社会发展水平和国际竞争力大幅提升，为建成经济强国和共同富裕社会奠定坚实基础。

——主要产业进入全球价值链中高端。不断创造新技术和新产品、新模式和新业态、新需求和新市场，实现更可持续的发展、更高质量的就业、更高水平的收入、更高品质的生活。

——总体上扭转科技创新以跟踪为主的局面。在若干战略领域由并行走向领跑，形成引领全球学术发展的中国学派，产出对世界科技发展和人类文明进步有重要影响的原创成果。攻克制约国防科技的主要瓶颈问题。研究与试验发展(R&D)经费支出占国内生产总值比重达到2.8%。

——国家创新体系更加完备。实现科技与经济深度融合、相互促进。

——创新文化氛围浓厚，法治保障有力，全社会形成创新活力竞相迸发、创新源泉不断涌流的生动局面。

第三步，到2050年建成世界科技创新强国，成为世界主要科学中心和创新高地，为我国建成富强民主文明和谐的社会主义现代化国家、实现中华民族伟大复兴的中国梦提供强大支撑。

——科技和人才成为国力强盛最重要的战略资源，创新成为政策制定和制度安排的核心因素。

——劳动生产率、社会生产力提高主要依靠科技进步和全面创新，经济发展质量高、能源资源消耗低、产业核心竞争力强。国防科技达到世界领先水平。

——拥有一批世界一流的科研机构、研究型大学和创新型企业，涌现出一批重大原创性科学成果和国际顶尖水平的科学大师，成为全球高端人才创新创业的重要聚集地。

——创新的制度环境、市场环境和文化环境更加优化，尊重知识、崇尚创新、保护产权、包容多元成为全社会的共同理念和价值导向。

二、当前的现状：基础与差距

从创新型国家到世界科技强国，我们已经具备坚实的基础和条件。经过改革开放以来连续30余年的持续快速发展，我国的科学技术和经济社会发展都取得了令人瞩目的成就。经济总量稳居世界第二位，2015年人均国内生产总值达到49351元（按当期汇率折合7924美元）。经济结构调整取得重大进展，农业稳定增长，第三产业增加值占国内生产总值比重超过第二产业，居民消费率不断提高，城乡区域差距趋于缩小，常住人口城镇化率达到56.1%，基础设施水平全面跃升，高技术产业、战略性新兴产业加快发展。[①]我国科技发展处于从量的积累向质的飞跃、从点的突破向系统能力提升的重要时期。在基础前沿战略高技术领域取得了一大批具有国际影响的重大成就。很多创新型企业在国际上开始崭露头角。在我们国家重大专项和重大科技工程的带动下，高速铁路、特高压输变电、高难度油气田的技术逐渐成熟，而且已经开始向国外出口。[②]美国国家科学基金会发布的《科学与工程指标2016》显示，中国已成为仅次于美国的世界第二研发大国，在研发投入、科技论文产出、高技术制造增加值等重要指标方面已居世界第二位。除此以外，我国还拥有世界最大规模的研发队伍，庞大的市场也

① 新华社. 中华人民共和国国民经济和社会发展第十三个五年规划纲要［EB/OL］.［2016-12-28］.http://news.xinhuanet.com/politics/2016lh/2016-03/17/c_1118366322.htm.

② 国务院. 国务院关于印发“十三五”国家科技创新规划的通知［EB/OL］.［2016-12-28］. http://www.most.gov.cn/mostinfo/xinxifenlei/gjkjgh/201608/t20160810_127174.htm.

给创新提供着广阔空间。全社会的创新活动日趋活跃。

从创新型国家到世界科技强国，我们仍然面临很多挑战。第一，在发展动力转换方面，经济增长面临下行压力，结构优化升级进展缓慢。依靠投资拉动经济增长的模式没有得到根本改变。传统比较优势正在逐步弱化，新的比较优势短期内难以形成。技术进步和人力资本对经济增长的贡献不高，产业技术升级慢。第二，科技基础仍然薄弱，科技创新能力特别是原创能力还有很大差距，真正由中国人率先提出和开拓的新科学问题、新科学理论和新科学方向寥寥无几；[①] 关键领域核心技术受制于人的局面没有从根本上改变，许多产业仍处于全球价值链中低端，科技对经济增长的贡献率还不够高。第三，制约创新发展的思想观念和深层次体制机制障碍依然存在，创新体系整体效能不高。高层次领军人才和高技能人才十分缺乏，创新型企业家群体亟待发展壮大。第四，激励创新的环境亟待完善，政策措施落实力度需要进一步加强，创新资源开放共享水平有待提高，科学精神和创新文化需要进一步弘扬。

目前，国际上普遍认为美国、德国、韩国等 20 多个国家为创新型国家。这些国家一般具有以下几个共同特征：第一，创新综合指数明显高于其他国家；第二，科技进步贡献率在 70% 以上；第三，研发投入在 GDP 的比例一般为 2% 以上；第四，对外技术依存度指标一般在 30% 以下；第五，在世界专利强势国家和地区（如被美国、欧盟、日本授权）所获得的专利数位居全球前列。

相比而言，我国在相关指标方面均与世界最主要创新型国家存在明显差距。例如，综合创新能力目前排名世界第 18 位[②]，科技进步

---

① 白春礼. 深化科技体制机制改革实施创新驱动发展战略［EB/OL］.［2016-12-28］. http://scitech.people.com.cn/n/2015/1029/c1007-27752383.html.

② 科技部. 国家创新指数报告［EB/OL］.［2016-12-28］..http://www.most.gov.cn/kjbgz/201607/t20160725_126747.htm.

贡献率为 55%，对外技术依存度高于 40%。在高技术产品出口方面，自主品牌出口不足 10%，80% 以上是外资企业的产品，其中 72% 是加工贸易产品，自主创新能力难以支撑经济高速发展。根据 OECD（Organization for Economic Cooperation and Development 经济合作与发展组织）的统计，2013 年中国三方专利数量只有 1897 件，美国、日本的三方专利数量达到了 1.42 万、1.71 万件，德国、韩国的三方专利数量也有近 5600 件、2900 件。

三、未来的布局：战略部署、战略任务、战略保障

《国家创新驱动发展战略纲要》提出，实现创新驱动是一个系统性的变革，要按照“坚持双轮驱动、构建一个体系、推动六大转变”进行布局，构建新的发展动力系统。

双轮驱动就是科技创新和体制机制创新两个轮子相互协调、持续发力。抓创新首先要抓科技创新，补短板首先要补科技创新的短板。科学发现对技术进步有决定性的引领作用，技术进步有力推动发现科学规律。要明确支撑发展的方向和重点，加强科学探索和技术攻关，形成持续创新的系统能力。体制机制创新要调整一切不适应创新驱动发展的生产关系，统筹推进科技、经济和政府治理等三方面体制机制改革，最大限度释放创新活力。

“一个体系”就是建设国家创新体系。要建设各类创新主体协同互动和创新要素顺畅流动、高效配置的生态系统，形成创新驱动发展的实践载体、制度安排和环境保障。明确企业、科研院所、高校、社会组织等各类创新主体功能定位，构建开放高效的创新网络，建设军民融合的国防科技协同创新平台；改进创新治理，进一步明确政府和市场分工，构建统筹配置创新资源的机制；完善激励创新的政策体系、

保护创新的法律制度，构建鼓励创新的社会环境，激发全社会创新活力。

“六大转变”就是发展方式从以规模扩张为主导的粗放式增长向以质量效益为主导的可持续发展转变；发展要素从传统要素主导发展向创新要素主导发展转变；产业分工从价值链中低端向价值链中高端转变；创新能力从“跟踪、并行、领跑”并存、“跟踪”为主向“并行”、“领跑”为主转变；资源配置从以研发环节为主向产业链、创新链、资金链统筹配置转变；创新群体从以科技人员的小众为主向小众与大众创新创业互动转变。

《纲要》提出，要强化重点领域和关键环节的任务部署。包括七个方面：推动产业技术体系创新，创造发展新优势；强化原始创新，增强源头供给；优化区域创新布局，打造区域经济增长极；深化军民融合，促进创新互动；壮大创新主体，引领创新发展；实施重大科技项目和工程，实现重点跨越；建设高水平人才队伍，筑牢创新根基；推动创新创业，激发全社会创造活力。

《纲要》提出，实施创新驱动发展战略，必须从体制改革、环境营造、资源投入、扩大开放等方面加大保障力度。包括六个方面：改革创新治理体系，多渠道增加创新投入，全方位推进开放创新，完善突出创新导向的评价制度，实施知识产权、标准、质量和品牌战略，培育创新友好的社会环境。

四、发展的路径：支持建成世界科技创新强国的战略体系

实施创新驱动发展，核心是科技创新。落实创新驱动发展战略，要充分发挥科技创新对提高社会生产力和综合国力的战略支撑作用，构建支撑“绿色中国、智能中国、健康中国、安全中国、普惠中国”

建设的战略布局。

——构建“绿色中国”战略支撑体系。以天蓝地绿水清为目标，推动能源生产、资源利用方式转变，摆脱高消耗、高污染的传统增长模式，扭转生态环境恶化趋势，实现人与自然的和谐共生。重点包括：一是推动能源生产和消费革命，大力发展清洁能源、非化石能源、可再生能源和新能源，建立多元供应体系；以绿色低碳为方向推动能源技术革命，大幅提高能源利用效率，带动关联产业升级。二是以生态优先为前提开发利用自然资源，加快海洋和地球深部战略性资源勘察与开发，大力推进资源高效与循环利用。三是加大自然生态系统和环境保护力度。以解决损害群众健康突出环境问题为重点，强化水、大气、土壤等污染防治；全面提升我国生态环境监测、保护、修复能力和应对全球气候变化的能力。

——构建“智能中国”战略支撑体系。以推动产业智能化全面升级为目标，发展普惠泛在的信息网络，推动新一代信息技术深度应用，带动制造业、农业、现代服务业等产业升级，使生产更加高效和个性化，为人的自由而全面的发展提供日益多样和便捷的工具。重点包括：一是推动网络和信息基础设施升级换代，推动信息器件、设备和软件的变革性突破，全面提升信息技术普及度、网络能力和信息服务能力。二是发展基于泛在信息的智能制造，促进设计过程智能化、制造过程智能化和制造装备智能化，实现制造系统由人机和谐向以机器为主体的自主运行过渡。三是发展以信息要素为特征的数字农业、精准农业和智能农业，促进农业信息服务网络化、农业资源管理数字化、农业生产过程管理精准化、农业装备和机械智能化，提高农业生产效能、资源利用效率、农产品产量和质量。四是发展智慧城市和更富智慧的现代服务业，催生新业态、新产品、新服务。

——构建“健康中国”战略支撑体系。以维护和增进人民健康为目标，提供安全、营养的食物，发展低成本、高效率的医疗模式，发展周到、便捷的健康服务，实现社会经济与人民健康协调发展。重点包括：一是发展生态高值农业和相关生物产业，实现农产品优质化、营养化、功能化，满足日益增长的农产品总量、质量、安全和多功能需求。二是建设普惠健康保障体系，有效应对人口老龄化和生活方式改变所带来的各种亚健康和疾病问题；以预防和控制重大慢性病为核心，将抗击疾病的重心前移，推动医学模式由疾病治疗为主向预测干预为主转变，由单一的生物医学模式向生物—环境—心理—社会的会聚医学模式转变，满足城乡居民多层次多样化的卫生服务需求。

——构建“安全中国”战略支撑体系。围绕经济安全、信息安全、生态安全、资源安全、核安全、军事安全、社会安全等新安全体系的战略需求，发展传统与非传统安全防范技术，提高监测预警和应对能力。重点包括：一是聚焦深空深海，确保空间海洋权益。大幅提升空间探测和对地观测及信息应用，实现和平、安全、有效利用空间；提高海洋探测和海洋资源开发利用能力，保护海洋生态环境，确保海防安全并实现海洋资源可持续开发利用。二是关注非传统安全问题，保障重点领域。开展基础信息网络和重要信息系统安全防护和应急管理，促进我国信息安全技术和产业自主发展。加强外来生物物种、新型生物制剂和生物新技术应用的安全评估，预防控制生物恐怖和新型生物制剂等潜在威胁。三是强化公共安全体系和企业安全基础建设，加强突发公共事件预警预报和应急处理，提升对自然灾害的预测、预报和防灾、减灾能力，遏制重特大安全事故。

——构建“普惠中国”战略支撑体系。以改善民生福祉为目标，全面提高公共服务保障能力，促进城乡基本公共服务均等化，使人们享有舒适的人居环境、更好的教育资源、便捷的交通和通讯、可靠的社会保障。重点包括：一是建设覆盖城乡居民的公共服务体系。大力发展网络化、定制化的医疗和养老服务，提供安全有效、方便价廉的公共卫生服务。发展优质教育资源库和共享服务平台，提供开放、公平的教育服务。完善环境质量监测、环境预警与应急体系，推进环境保护基本公共服务均等化。二是发展绿色、智能、宜居城市。积极开发和应用新型建材、清洁能源、洁净水、智能交通、垃圾处理、空气治理和智能社区管理等新技术，提升城市生活品质。三是促进城乡重要基础设施一体化建设。发展安全高速的交通运输网络，提供顺畅、便捷的交通运输服务。推动信息惠民，扩大信息服务在城乡及各领域的覆盖和应用。

第三节 至2050年重要领域科技发展路线图

当今世界科学和技术发展呈现多点群发的态势，新一轮科技革命和产业革命也正在日益兴起，形成历史性的交汇。世界主要国家都把科技创新作为战略核心，在新能源、新材料、信息网络、生物医药等重要领域加强战略布局。中国在新一轮科技革命和产业变革当中既面临着难得的机遇，也面临着严峻的挑战，必须敏锐把握世界科技创新发展趋势，前瞻设计重要领域科技战略布局，才有可能充分发挥科技创新的引领带动作用，促进可持续发展，提升国家综合实力。

一、科技发展总体趋势

经历了20世纪的科学革命、技术革命以及浪潮迭起的产业革命后，当今世界科技发展正呈现出新的态势。

（一）科技发展呈现多点突破、交叉汇聚的景象

物质科学探索不断向宏观拓展、微观深入和极端条件方向发展生命科学向精确化、可再造、可调控方向发展，人类正在进入用信息和信息技术精细调控物质和能量的时代，许多基本科学问题面临突破，学科间交叉、融合与汇聚，不断催生新的学科生长点，“整体统一”的科学方法成为地球系统科学、复杂系统科学等学科发展的方向和追求的目标。

（二）大数据科学成为新的科研范式

互联网技术、互联网经济学、超级计算、环境科学、生物医药等研究产生海量数据，催生了大数据科学这一新的科研范式。与实验科学、理论分析和计算机模拟这三种经典科研范式相比，其特征是：将计算技术与科学工程领域有机结合，实现各领域海量数据的获取、存储、管理、深度分析和可视化展现，大数据分析可以做到没有模型和假设也能从数据中发现新知识、新规律。主要发达国家积极部署大数据研究计划和平台，将引起科研组织方式的深刻变化，并使知识的创造和应用更加紧密结合。

（三）人类可持续发展的重大问题成为全球科技创新的焦点

当今世界共同面临着能源、环境、人口健康、海洋资源利用、宇宙开发等关系可持续发展的紧迫问题，其中蕴涵着大量跨学科的共性、复杂性科学问题，迫使人类谋求科学突破和重大技术变革。这成为推动科技创新的强大驱动力，引领科技创新的方向，推动众多科学领域协同创新和交叉发展，科技“双刃剑”的特点更加凸显，转基因、网络、核能等在为人类带来福祉和便利的同时，引发新的伦理问题或社会风险，对社会治理机制与国家安全等产生重大影响，带来了一系列非传统安全问题。

（四）世界各国更加重视利用科技创新培育新的经济增长点

近年来，世界主要发达国家竞相推出新兴产业发展规划和国家竞争力计划，不约而同地选择节能环保、清洁能源、新材料、生物、医疗健康、智慧地球、创意内容产业等作为优先发展的战略性新兴产业，纷纷加大科技创新投入和政策支持力度，制定和实施具有更强针对性、时效性和专业性的专项规划或行动计划，更加重视通过科技创新来优化就业结构、驱动可持续发展和提升国家竞争力。

（五）产业科技、国家科技和学院科技三足鼎立、协同发展

世界各国都着眼于应对危机、掌握发展主动权，从各自发展的阶段和需求出发，通过建设国家创新体系对产业科技、国家科技与学院科技进行合理的布局和统筹安排。产业科技是发明与技术创新的主战场，在需求拉动下，其通过市场机制配置各种资源，直接对经济增长作贡献；国家科技主要以国家利益与社会公益需求为驱动力，实施国家战略层面的研究计划、大科学工程等，提升国家科技竞争力；学院科技在兴趣与好奇心的驱动下为社会贡献新知识，源源不断地为经济增长与社会造就人才。

（六）科技创新资源配置呈现出全球化竞争与加速流动的趋势

世界发达国家凭借综合优势成为科技创新资源全球流动配置的主要受益国，科技先进国家继续增强高技术壁垒，着力竞争全球最优秀的青年人才。新兴国家纷纷推出科技创新政策和国家人才计划，积极参与科技创新资源流动配置的全球化竞争。全球性创新型企业利用新型研发模式凝聚全球智慧资源，未来科技创新资源全球流动配置的格局将深刻影响国家竞争力。

二、重要领域科技发展的新趋势

（一）信息领域

以人—机—物构成的万物互联成为趋势，基础软硬件技术正孕育革命性突破；大数据催生数据密集型知识发现，将对政府治理、社会经济发展产生巨大推动力量；摩尔定律难以延续，信息基础器件处于重大变革的前夜，忆阻器、自旋器件、量子器件等新原理器件将可能取得重大突破。机器智能技术有较大发展。例如，IBM Watson在智力问答电视节目中击败人类，谷歌自动驾驶汽车上路行驶，深度神经网络在语音识别和大规模图像分类等任务中性能大幅提升。但目前还集中于语音、视觉、语言等单模态的人工智能处理，机器的智能水平与人类相比仍有明显差距。

（二）人口健康领域

现代医学模式已经发生根本性转变，将从疾病医学向健康医学发展。生物和医药技术进入多领域会聚范式，工程师、物理学家与生物学家及临床医生共同参与解决重大难题和挑战，研究方式向精准的“个体”检测与海量系统性样本相结合方向发展。生物复杂系统与生命复杂过程的调控、再造技术正在酝酿重大突破。生物经济和生物产业已成为国家规划的重点，旨在利用生物技术解决社会、经济、环境和民生面临的问题，抢占新的经济制高点。发达国家和新兴工业化国家纷纷重视生物大数据保存、挖掘和利用，并列入国家规划的重点。伴随新兴生物技术走向应用，如何安全、理性地在科学框架内发展和应用生物技术是各国政府和科学界迫切需要解决的问题。在生物技术转化过程中，知识产权保护和开发战略已经成为其能否应用于市场并产生市场价值的最重要因素。

（三）新材料领域

无论是航空、航天，信息化，还是深海资源和矿产资源探测开发，对材料领域发展都提出了更新更高的要求，不断追求更高的材料使役性能。新材料正向个性化、复合化、多功能化方向迅速发展，3D 打印等新型加工方式备受重视。新材料技术更加注重缩短研发周期和降低研发成本，新材料研发由“经验指导实验”模式向“理论预测—实验验证”新模式转变已经成为共识。新材料技术更注重解决能源、资源短缺的约束，促进社会的可持续发展，绿色环保、节能减排成为共同的目标。

（四）先进制造领域

智能制造作为新一代信息通信技术（ICT）与制造技术融合发展的产物，代表着先进制造技术发展的主要方向。数字工厂已经成为国际先进制造领域研究的热点，德国工业 4.0 目标之一就是实现数字工厂。安全工业控制系统是决定智能制造成功与否的关键技术之一，世界各国均高度重视工业控制系统的安全与保障技术研究。随着网络化通讯、计算机技术、生命科学的高速发展，机器人技术正在成为前沿技术的交叉集成体，技术革命已经到了喷发的前夜。世界各经济技术强国相继制定机器人发展战略规划，力图在未来 10 到 20 年取得新一代机器人领先地位。

（五）能源领域

世界能源发展进入新一轮战略和结构调整期，许多国家纷纷制定能源科技发展路线图。化石能源的高效和清洁利用将得到大力发展，煤炭转化利用效率进一步提高，石油加工转化更加高效清洁。能源勘探与开采技术不断推陈出新，地球物理勘探新技术趋于成熟，化石能源开采技术进一步提高。可再生能源与新能源技术持续突破，太阳能光伏有望实现平价上网，风电机组朝着大型化、特性化和高效率发展，生物质能应用向多原料、多用途方向发展，太阳能热利用和深层地热能或将成为主要可再生能源，新型核电系统是人类未来彻底解决能源问题的希望所在，预计2016–2020年氢燃料电池汽车进入市场导入期。输配电更加注重安全高效和可再生能源的规模化接入，未来电网将实现从交流向直流的重大变革。

（六）生态环境领域

世界主要发达和发展中国家正在加速布局并抢占生态环境领域战略高技术制高点，新的高技术研发及其下游产业群集中涌现，未来5至10年有望在生态环境安全保障、水和土壤安全、清洁生产和循环经济、应对气候变化能力、环境健康领域取得突破；关注自然和人为生态环境变化与调控，特别注重科学与技术之间融合和多学科之间交叉协作，构建从基础、应用到高技术研发的全链条体系；原始创新越来越受到重视，科技创新—成果转化—技术更新周期缩短并呈加快趋势。

（七）空间领域

空间科技是科学与技术高度交叉融合的领域。空间科学探测与研究向更深、更广、更精细化方向拓展，进一步深化对宇宙基本物理过程的认识，理解暗物质与暗能量的物理本质，揭示太阳磁场、太阳耀斑和日冕物质抛射的物理成因及其相互作用，探索地外生命及地球生命在地外空间的生存表现和能力等。在空间技术方面，无人空天飞行器的突破性进展将引发空天模式的深刻变化，空天信息综合应用研究和卫星的有效监视维护成为发展的关键，时空基准技术的研究、建设与发展成为关注的重点，空间探测大数据对地面接收设施能力不断提出更高要求。空间应用领域的研究已迈入全球化、系统化、定量化和信息化的大数据时代，成为推动人类文明可持续发展的重要动力。

（八）海洋领域

当代海洋技术从近岸向远洋、从浅水向深海拓展。海空一体化，多平台、多视角获取海洋环境信息，通过网络系统提供全球或区域实时的基础信息和信息产品服务，是海洋监测技术的发展趋势。水下运载器成为最重要的探查和作业平台，正朝着实用化、综合技术体系化方向发展；海洋油气勘探向深水推进，不断开发适合于深水油气开发的新型平台、多功能浮式生产装置、水下生产系统；天然气水合物已成为新能源的研发热点，勘探与识别、保真取样技术、开发及其环境效应等研究成为开发重点；海洋生物资源保护、评价和发掘已成为国际竞争的焦点，海洋生物资源精深加工和新药创制技术方兴未艾；深海矿产资源勘查技术向着大深度、近海底方向发展，海水综合利用技术正向系统化、集成化、综合化方向发展，海洋能技术向着大型化、低成本、高效率、高可靠性以及商业化方向发展。

（九）农业领域

未来农业科技重点围绕生产力提升、资源高效利用和可持续发展等方面开展研究，一些重点领域呈现出新的特点：国际生物技术育种表现为多学科交叉与高度集成，设计育种体系的建设将引领动植物育种的跨越式发展，现代种业出现技术和市场全球化的垄断趋势。节约型农业以提高资源综合利用效率为核心，土壤科学与技术由单一学科向学科交叉方向发展，研究手段由传统技术向现代高技术应用方面转变；肥料科学与技术以满足作物高产优质高效的复合高效肥料为基础，重点发展缓释控释和环境友好的新型肥料；高效节水技术在传统节水技术基础上，向定量化、规范化、模式化、集成化方向发展。以集约化、机械化、信息化为标志的精准农业，正在向更高层次发展。以绿色精准农业为核心技术，以现代感知技术、互联网技术、物联网技术、云计算技术和大数据技术为支撑的智慧农业成为未来现代农业发展的必然趋势。

（十）资源领域

对重要成矿区带成矿规律的认识将更加深入，成矿模式研究由构建个体矿床模型向构建区域矿床模型方向发展，找矿预测研究向覆盖区和地球深部发展，“攻深找盲”成为今后找矿预测的新方向。稀有金属被认为是下一代战略性矿产资源，其开发已成为热点，西方发达国家纷纷提出新的战略。海洋和极地区域的矿产资源调查和研究受到世界各国尤其是发达国家的高度关注。油气勘探开发研究呈现多学科综合和技术集成发展趋势，新的高精度分析测试技术、地震探测技术、先进钻井技术等广泛应用，将使专家获得更准确详实信息，提高油气勘探成功率和开发效率。非常规油气资源勘探开发技术及装备将得到进一步发展，深部、深水和极地地区油气勘探开发技术将得到加强。经济和环境友好的油气资源勘探开发技术将得到重视。

三、中国重要领域科技发展状况和战略重点

在新一轮科技革命和产业变革中，我们既面临着难得的机遇，其实也面临着严峻的挑战。这个机遇就是世界新科技革命和产业变革为后发国家在更高起点上赶超跨越提供了战略机遇。我国经济社会持续快速发展的巨大需求，为科技创新提供了强大动力。面临的挑战是创新能力和核心竞争力弱，产业发展水平总体上处于国际分工低中端，我们在一些重点领域还是以跟踪模仿为主，技术储备不足，大部分的关键核心技术仍然是受制于人。

紧扣国家经济社会发展的重大战略需求，发挥科技创新在全面创新中的引领作用，重点围绕事关国家发展全局的重要领域，遴选最有

基础、最有条件的重点方向作为切入点，重点部署、持续攻关，力争取得突破并实现跨越式发展，占领科技经济制高点，为国家长远战略目标的实现奠定基础、提供技术储备。

（一）信息领域

我国虽然在大数据、云计算、物联网等方面取得较大进展，但整体上增量改进技术多，原创新成果少；优化技术多，关键技术少；核心装备建设严重不足。信息技术发展整体依然处于追赶状态，核心技术不掌握在自己手中。政府、产业和个人长期存在的信息安全问题状况仍然没有根本性改变。

在大数据方面，科学研究与产业应用脱节，基础研究的问题体系尚不清晰，政府数据开放共享不足，大数据基础设施不足。在高性能计算方面，缺乏构建高性能计算机的核心部件，支撑有效使用高性能计算系统的基础软件和大型行业应用软件研制能力滞后。在云计算方面，数据中心、网络管理、安全保障等技术与国际领先水平还存在一定的差距。在制造物联方面，制造物联核心技术、产品及服务等尚处于起步阶段。在机器智能方面，我国在总体上处于跟踪学习，还处在单点智能的研究状态，距国外最高水平还有很大空间。

建设支撑“互联网+”国家战略落地的信息基础设施，改变以跟踪研究和应用国外技术为主的技术路线，选择关键点加以突破并制定引领创新技术路线。可考虑围绕6个重点进行布局：大数据，高性能计算，云计算，制造物联，多模态融合的综合机器智能，新型高性能微纳电子材料、器件及集成技术。

（二）人口健康领域

主要差距体现在：系统生物学和合成生物学技术方面，融合不够深入、协同创新较弱。干细胞及相关产品开发的核心技术相对不足，限制了转化应用，制约了产业发展；再生医学的一些关键技术亟待突破，组织工程化器官的构建仍然相对落后。创新药物方面的突破性创新能力、大规模产业化创新和支撑平台建设有所欠缺，药物研发的关键靶点、疫苗抗体生产的关键细胞株几乎为发达国家所垄断，以仿制为主向创新为主的跨越发展尚未实现，许多重大疾病缺乏有效治疗药物，品牌专利药市场绝大部分被国外公司占据。生物医学装备主要依赖进口，不得不随着国外技术的升级而不断引进新设备。此外，我国目前在推动生物医学工程等交叉学科研究方面措施不够，人才培养和技术创新方面投入严重不足，需要引起足够的重视。

围绕健康和生物医药科技和产业需求，以国家重大科学计划为牵引，形成“基础研究、临床转化、产业示范”全链条式创新机制。可考虑围绕 8 个重点进行布局：脑科学与心理健康，干细胞与再生医学，基于生物学大数据的健康医学与重大慢性病防控技术，传染病防控与生物安全技术，创新药物与中医药现代化，营养与健康和食品安全，生殖健康与出生缺陷防控技术，生物质资源。

（三）新材料领域

我国新材料技术领域近年来进步很快，缩小了与世界先进水平的差距，但整体水平不高，尚未形成相对独立的新材料体系，还不能完全满足我国经济和社会发展的需求。传统材料生产能力提高很快，但目前面临提高品质、降低成本、降低能耗和升级换代等问题，很多关键高端材料仍未实现自主供应。新材料整体技术水平还不高，跟踪仿制多，拥有自主知识产权的专利成果尤其是具有原创性的国际专利数还不够多；某些高技术关键材料的质量和产量不能自给，严重依赖进口；新材料的相关技术标准未取得突破，被动跟踪国外先进标准的情况比较突出，难以满足新材料国际经济技术交流合作需求。

建立自主完善的材料技术体系，集中力量解决材料领域的关键问题，建立新材料研发的设计、制备、表征、应用及退役、回收全新一体化创新链条，实现“量材为用”。可考虑围绕5个重点进行布局：金属及陶瓷结构材料，高分子及复合材料，物理功能材料，化学功能材料，纳米材料。

（四）先进制造领域

我国制造技术水平与发达国家的差距正在逐步缩小，但我国制造业大而不强，自主创新能力弱，产品偏于低端，重大装备核心制造技术与先进国家相比还有较大差距，数字工厂核心技术与一体化软硬件平台产品严重不足，产品全生命周期工程集成的标准化和技术体系主要掌握在欧美手中。安全工业控制系统没有形成完整的国产智能设备产业链，难以支持安全工业控制系统集成；机器人技术发展水平与工业强国相比还有明显差距，特别是在工业机器人规模化应用、工业机器人产业、常规工业机器人技术、核心零部件、专业服务机器人和新一代机器人技术与系统等方面存在很大差距。

围绕重点制造领域的关键环节，大力发展智能制造、机器人等，推进制造业创新发展、提质增效，实现向制造强国的转变。可考虑围绕6个重点进行布局：数字工厂，安全工业控制系统，新一代机器人共性技术研究与验证，“即连即用”工友型工业机器人，面向无人化南极科考站的机器人技术与系统，医疗康复与行为辅助机器人技术与系统。

（五）能源领域

我国自主研发的煤炭流化床燃烧、煤气化、煤制油、煤制烯烃和乙二醇等清洁利用技术均已处于国际领先地位。可再生能源技术进展快，与国际差距逐渐缩小，但风电机组及部件精细化设计及发电效率需要提高，生物质能新技术开发工艺装备不配套、性能较差，氢燃料电池等新能源技术研发落后，新一代电网技术难关有待全球合作共同攻克。

建立中国特色能源科技创新体系，增强能源科技与产业国际竞争力，建立强大的能源科技支撑，助力能源安全战略，实现能源清洁、低碳和高效发展。可考虑围绕7个重点进行布局：煤炭资源清洁高效综合利用，油气勘探开发和利用，可再生能源，新能源，核电自主技术和核废料处理，电网核心关键技术，废弃物高效清洁利用。

（六）生态环境领域

我国在相当长一个时期内，都将处于生态与环境条件极大约束的状况之下，生态系统受到的发展胁迫压力将长期处于高位，与大规模社会生产和生活相伴的环境污染等多种环境问题难以避免和快速根绝。在生态环境战略高技术领域，我国与世界领先水平相比有较大差距，且有拉大趋势，在气候变化风险与适应技术、水循环与水资源、大气灰霾、可持续城市建设技术集成与示范、氮磷养分的循环机制与高效利用、节能环保装备和产品等方面，都亟待科技突破。

围绕最紧迫的问题和共性技术，提前多点布局，组织多学科交叉协作集中攻关，抢占未来高技术研发制高点。可考虑围绕7个重点进行布局：气候变化能力建设，生态安全保障，水安全，土壤安全，大气污染，清洁生产和循环经济，环境健康。

（七）空间领域

我国的空间科学与国际先进水平还有较大差距，空间科学活动规模小、投入少，缺少重大原创性的科学成果；空间科学规划未能完全实施，缺乏持续性；缺乏对空间科学项目前期培育与后续研究的支持；国际合作无法满足多平台、大规模空间科学计划的实施需求；空间探测有效载荷技术在先进性、精确性、稳定性、功能性乃至地面标定技术等方面，均存在代差。空间技术方面，天基信息获取装备对态势感知全面性、时效性差，支撑战役战术应用能力薄弱。空间应用方面，缺乏有效的数据信息共享机制；空间应用信息产业链脱节导致科学、社会和经济效益不高；缺乏国家战略层面上的顶层规划设计；遥感信息服务能力不足。

充分发挥空间科技在创新、发现和技术牵引方面的重要作用，制定空间任务计划，实现科学前沿的重大突破，牵引和推动空间技术与应用的跨越式发展，推动我国从航天大国向强国迈进。可考虑围绕4个重点进行布局：空间科学，空间技术，空间应用，以及在中国空间站开展若干科学、技术和应用研究。

（八）海洋领域

海洋技术尤其是深海技术与国际先进水平相比还是落后很多。在海洋环境监测技术方面，技术研发和应用分离，试验条件不足，成果转化率太低。近海油气资源的勘探和开发技术方面缺乏核心装备的国产化能力，一些关键技术被发达国家垄断。深水油气资源勘探开发技术才刚刚起步。我国天然气水合物勘探开发技术的推广应用与成果转化不足，与国家能源战略安全的要求还不相适应。深海探测尚未形成大深度的综合作业能力，关键部件的国产化率很低。海洋生物技术重开发利用轻保护的问题突出，对海洋环境健康的贡献和影响力不足。海洋科学与技术缺乏有效的交叉与融合，尚未形成互相带动和促进的局面。

围绕国家海洋主权与权益等战略需求，大力发展具有自主知识产权的深海技术和重大装备，深化近浅海技术并推动已有成果的产业化，为建设海洋强国奠定基础。可考虑围绕9个重点进行布局：海洋环境综合立体监测系统、海洋环境预报和信息安全保障系统、潜水器谱系化工程和深海环境探测、近海生态环境监测与灾害防控系统、海岸带污染监控与退化生境修复、海洋生物资源可持续利用技术、海洋油气与矿产资源探测与利用技术、海洋先进能源开发利用技术、海洋腐蚀与生物污损防护技术。

（九）农业领域

种业发展相对滞后，规模小、市场占有率低，整体自主创新能力不足，普遍缺乏“产学研用”一体化价值链，无法与大的跨国企业进行竞争。土、肥、水高效技术的发展落后于发达国家，土壤健康与质量方面缺乏针对现代农业土壤诊断、修复、障碍因子消减和土壤肥力提升的全周期管理技术；肥料研发与高效利用存在总体研发水平较低、重复研发、研究力量分散、产品质量参差不齐、新产品新技术开发速度慢等问题；高效节水方面，工程硬件建设整体、节水灌溉设备研发、精准灌溉及其系统自动控制、非常规水资源利用等，距国际先进水平还存在相当大的差距。未来现代农业——绿色智慧农业方面，核心技术和机械设备、种植技术、控制技术、决策支持系统等与发达国家差距还很大；精准灌溉和施肥灌溉技术缺少大的研究计划支持，试验研究少、进展缓慢；抗逆型农业方面与国外的差距不大，诸多方面处于国际领先水平；我国智慧农业总体处于跟踪阶段，基本框架尚未形成。

在系统分析国际育种生物科技发展态势、剖析生物新品种培育和产业发展关键问题基础上，围绕粮食安全等国家重大需求，大力发展生物育种技术、资源高效节约技术、精准——智慧农业技术等，不断缩小与国际先进水平的差距。可考虑围绕 3 个重点进行布局：生物育种、土肥水高效技术、智慧精准种养技术。

（十）资源领域

我国尚未从全球视野研究和认识大型含油气盆地与油气资源分布，从而导致对外油气领域投资效率不高，难以预测国际油价趋势，给国家油气战略制定带来极大的困难；油气资源勘探理论技术落后，在海相碳酸盐岩、海洋深水、页岩油气、非常规油气等领域尤甚；油气资源开发技术差距巨大，我国油气勘探技术全面依赖进口，国外在地质导向与旋转导向钻井、体积压裂等油气开发高端技术方面对我国实施垄断与封锁，严重地制约着我国油气工业的发展。

矿产资源领域与世界领先水平的差距主要表现在：对全球成矿规律的认识缺乏不足；深部矿产资源勘探理论和技术落后，我国已有矿床的勘探开采深度大都小于 500 米，而世界上矿业大国已达 2500–4000 米；我国矿产资源总回收率和综合利用率平均仅分别为 35% 和 40% 左右，比国际先进水平低 20%；对环境扰动大，矿业活动形成的大量废渣、废水和废气没能得到有效利用和治理；对海底和极地矿产资源的调查研究落后国外先进水平 20 余年，一旦国际上出现争相申请登记海底和极地资源矿区，我国将处于不利地位。

从全球能源资源分布及高效利用角度，揭示大宗紧缺矿产和优势矿产资源成矿规律、油气资源形成与分布规律，提升深部矿产、油气资源勘探开发技术和装备自主研制能力，研发矿产资源高效清洁利用技术，促进盆地深层、海洋深水、海相碳酸盐岩、页岩油气和非常规油气资源开发利用。围绕 11 个重点进行布局：地球深部矿产资源勘探关键技术与核心装备，矿产资源开采和高效清洁利用技术，稀有金属矿产超常规富集机制和远景评价技术，全球巨型成矿带（域）对比计划，海底、极地矿产资源调查技术，盆地深层——超深层油气勘探技术，深水海域油气勘探技术，页岩油气资源技术，地球物理探测重大装备，油气采收率技术，海量数据处理及大规模油气藏数值模拟的并行计算技术。

第四节　新型科研体制

实施创新驱动发展战略的关键在于深化改革。深化科技体制改革是全面深化改革的重要内容，是实施创新驱动发展战略、建设创新型国家的根本要求。任何领域的改革都伴随着革故鼎新。在深化科技体制改革的过程中，势必破除一切束缚创新驱动发展的观念和体制机制障碍，不可避免地引起带来科研体制的重构，形成全新的创新格局。

一、新一轮的科技体制改革

（一）国家层面的顶层设计

近年来，党中央、国务院出台了一系列重大科技体制改革举措。2012 年发布了《中共中央国务院关于深化科技体制改革加快国家创新体系建设的意见》，2015 年 3 月出台了《中共中央国务院关于深化体制机制改革加快实施创新驱动发展战略的若干意见》，2015 年 9 月，中办、国办发布了《深化科技体制改革实施方案》，基本确立了当前和未来较长时期科技改革发展的总体布局。《深化科技体制改革实施方案》被认为是迄今为止内容最丰富、政策最为全面、涵盖面最为广泛的科技体制改革文件，标志着中国科技体制改革正在向科技和创新体制的系统化改革方向发展。

《深化科技体制改革实施方案》提出了今后一个时期的主要目标：到 2020 年，在科技体制改革的重要领域和关键环节取得突破性成果，基本建立适应创新驱动发展战略要求、符合社会主义市场经济规律和科技创新发展规律的中国特色国家创新体系，进入创新型国家行列。自主创新能力显著增强，技术创新的市场导向机制更加健全，企业、科研院所、高等学校等创新主体充满活力、高效协同，军民科技融合深度发展，人才、技术、资本等创新要素流动更加顺畅，科技管理体制机制更加完善，创新资源配置更加优化，科技人员积极性、创造性充分激发，大众创业、万众创新氛围更加浓厚，创新效率显著提升，为到2030年建成更加完备的国家创新体系、进入创新型国家前列奠定坚实基础。

《深化科技体制改革实施方案》针对科技创新和驱动发展存在的体制机制和政策制度障碍，提出了10个方面32项改革举措143项政策点和具体成果。在建立技术创新市场导向机制方面，出台了重点实施建立企业主导的产业技术创新机制、完善对中小微企业创新的支持方式、健全产学研用协同创新机制3项改革举措，促进企业成为技术创新主体，使创新转化为实实在在的产业活动。在构建更加高效的科研体系方面，推出加快科研院所分类改革、完善高等学校科研体系、推动新型研发机构发展3项改革举措，进一步提高科研院所和高校源头创新及服务经济社会发展的能力。在改革人才培养、评价和激励机制方面，重点实施改进创新型人才培养模式、实行科技人员分类评价、深化科技奖励制度改革、改进完善院士制度4项改革举措，充分调动科技人员的积极性和创造性。此外，在促进科技成果转化、健全科技和金融结合、创新治理机制、开放创新、区域创新和营造激励创新的良好生态方面，也推出了针对性很强的改革举措。

（二）新一轮改革的特点

《深化科技体制改革实施方案》的出台，距离科技体制改革进入全面展开阶段的标志性文件——《关于科学技术体制改革的决定》的发布，整整30年。回顾过去科技体制改革历程，加强科技和经济的紧密结合、充分调动和发挥科技人员的积极性始终是要解决的关键问题。然而，时代变迁，物换星移，一些基本问题的内涵发生变化，改革任务大不相同，改革措施也在不断深化。

新一轮科技体制改革紧扣核心和难点问题。科技体制改革三十年，核心问题还是如何解决科技与经济相结合的问题。三十年前是以科研院所为重点，在科研院所推行面向市场的改革。现在改革的重点是要推动企业成为创新主体。第二个难点是解决资源的有效配置问题。三十年前科技资源短缺，而当前改革的关键在于克服科技资源配置重复、分散、封闭、低效的问题。第三个难点是人才队伍的建设问题。三十年前科技人员数量短缺，而目前我国已成为第一科技人力资源大国，但是“拔尖”人才严重不足。改革关注的焦点更多转移到人才队伍结构以及如何创造良好的发展环境使得人尽其才。

新一轮科技体制改革的任务更加明确。1985年开始的改革，其主要任务是“破”，力求对在长期计划体制下形成的科技体制有所突破；而当前改革的主要任务是“立”，要建设国家创新体系，创造符合当前发展的制度环境，更关注系统设计、整体推进、全面配套。改革要求创新主体明确自身定位。政府层面，最重要的是进行制度设计和政策安排，创造良好的环境。企业是创新投入和收益的主体，组合生产要素去开发新产品、新工艺，开辟新市场。研究机构要提供源源不断的技术发明、技术成果，提供有效的科学基础和技术支撑。高等学校固然也要提供技术发明与成果，但更重要的是培育和提供人才。用户是最直接感知需求的人群，也是推动创新的重要力量。

新一轮改革的推进方式更加科学。以往在经济体制、政治体制都没有全面改革的背景下，只能单项推进科研院所、高等学校、科研体制的改革，更多强调市场化方向，更多微观运行机制上的变革。当前改革的特点是要创新驱动发展，力图在宏观的管理体制和机制上有所变革，更多考虑路径选择的合理性和实施方案的可行性。[①]

---

① 方新. 科技体制改革当前任务是“立”[N]. 中国高新技术产业导报，.2013-03-11.

（三）当前进展与总体成效

创新驱动发展和全面发展成为政府各部门推进工作的重要理念。推进以科技创新为核心的全面创新，进一步推动了政府各部门、社会各界将科技发展与创新驱动紧密结合，极大提升了政府部门和社会各主体开展和参与创新的积极性。2015 年，发展改革委、科技部会同有关部门研究制定了在部分区域系统推进全面创新改革试验的总体方案，并选择了 8 个地区开展全面创新改革试验。科技体制改革与其他方面的改革更加紧密联系在一起，科技、人才、教育改革协同促进供给侧结构性改革。创新创业社会氛围更加浓厚，“创新友好型社会”建设加快推进。国务院和地方出台了大量推进大众创业、万众创新的政策措施，打造“双创”支撑平台，激发了全社会的创新活力。

国家科技创新中心城市建设和科技计划管理体制机制改革等重点工作实现突破。8 个全面创新改革试验区推进落实改革试验工作，北京、上海等全国科技创新中心建设，成为带动区域协调发展的重要加速器。国家自主创新示范区和高新区的创新发展示范作用明显。14 个国家自主创新示范区，总收入近年来保持高速增长；国家高新区总数继续快速增长，中关村试点政策加快向全国推广，成为引领我国区域创新发展的“增长极”。跨区域协同创新发展进步显著。《京津冀科技协同创新发展专项规划》、《长江经济带创新驱动产业转型升级方案》、《关于促进东北老工业基地创新创业发展打造竞争新优势的实施意见》等规划、方案出台。

科技计划管理体制改革深入推进。科技部、财政部研究制定了深化中央财政科技计划（专项、基金等）管理改革方案，提出建立公开统一的国家科技管理平台、重构国家科技计划体系布局、整合现有各类科技计划等重大改革任务和到 2017 年改革全面到位的明确要求。2015 年，由科技部牵头，财政部、发展改革委等 31 个成员单位组成的部际联席会议，整合现有科技计划，建立新的5大计划体系，构建统一的国家科技管理平台，以促进科技计划管理更科学、高效。一些地方在改革财政科研项目和资金管理方面取得进展，如甘肃省制定《关于改进加强省级财政科研项目和资金管理的办法》（甘政发〔2015〕78号），聚焦重大需求，优化整合省级各类科技计划，形成具有发展优势的科技计划体系。

科技资源开放共享实现突破。为鼓励并规范国家重大科研基础设施向社会开放，国务院颁布了《关于国家重大科研基础设施和大型科研仪器向社会开放的意见》（国发〔2014〕70号），科技部和发展改革委、教育部、工业和信息化部等22个部门联合制定实施推进方案，建立了科研设施与仪器资源调查数据库和开放服务相关标准规范，推进科研设施与仪器建设优化布局，提升了资源利用开放水平。各地制定实施办法予以落实，如福建省制定《关于推进重大科研基础设施和大型科研仪器向社会开放服务的实施意见》（闽政〔2016〕4号），推进大型科研仪器开放共享工作。

产学研结合、科技与金融结合、军民融合等创新主体间的协同创新机制显著改善。中国科学院“率先行动”计划深入推进院士制度改革，扎实推进研究所分类改革和四类机构建设、人才人事制度改革、经济资源配置机制改革，坚持“三个面向”促进重大产出，落实国家高端科技智库建设试点，深入推进科教融合，取得重要实质性进展，院士制度改革成为全面深化改革第一批落地重大成果。高等学校创新能力提升计划深入实施。产业技术创新战略联盟和军民科技融合创新取得新进展。

促进科技成果转化的政策法规得到进一步强化。2015年10月，新修订的《促进科技成果转化法》正式施行，在下放科技成果处置收益权、大幅提高对人的奖励比例、强化成果转化考核评价、促进成果信息公布等方面实现了突破，受到科技人员欢迎和社会广泛关注。20家中央级事业单位科技成果使用、处置和收益管理改革试点单位取得预期效果。《科技进步法》修订案，着眼于进一步激发科技人员的创造性和积极性，全社会创新氛围持续改善。一些地方积极开展实践探索，如甘肃省2015年9月建成投运兰州科技大市场，提供科技金融服务、集聚创新资源、服务科技成果转化、推动大众创业万众创新，初步形成了线上线下相结合的综合服务模式。

科技体制改革与其他领域改革协同性进一步增强。按照全面深化改革总目标，各领域体制改革顶层文件正逐步成型。科技是经济的供给侧，科技体制改革与经济体制改革的支撑引领关系加强，商事制度改革进展顺利，国务院出台的《关于实行市场准入负面清单制度的意见》（国发〔2015〕55号）和《2016年推进简政放权放管结合优化服务改革工作要点》（国发〔2016〕30号）在建设法治化营商环境、发挥市场配置资源的决定性作用方面深入推进。人才和教育是科技的供给侧，科技体制改革与人才和教育体制改革内在联系增强。中共中央《关于深化人才发展体制机制改革的意见》共提出30条意见。创新创业教育、世界一流大学和一流学科建设、改革完善博士后制度、优化学术环境等配套措施更为具体。科技体制改革与社会和文化体制改革的促进带动关系更加密切。文化部发布的《2016年文化系统体制改革工作要点》推动了文化与科技深度融合。国务院办公厅发布的《关于深入推行科技特派员制度的若干意见》（国办发〔2016〕32号）、《深化医药卫生体制改革2016年重点工作任务》加强了科技与社会和文化的有效衔接。文化科技创新工程深入实施。浙江省特色小镇建设成为落实科技、社会、文化体制改革融合的试验田。科技体制改革与生态文明体制改革融合的需求正在形成。中共中央、国务院《生态文明体制改革总体方案》对相关领域的技术和标准提出了需求。广州首提“珠江经济带、创新带和景观带”城市发展新格局，在“多规合一”上率先探索。

二、科技体制改革的突破口：科技计划改革

（一）科技计划改革的背景

科技计划（专项、基金等）是政府在科技创新领域发挥引领和指导作用的重要载体，对全社会的科技创新具有风向标的作用。同时，对于体现国家在有中国特色自主创新道路上的政策取向、战略布局、发展重点以及科技创新规律特点等方面也具有重要作用。科技计划（专项、基金等）的实施成效，直接关系到创新驱动发展战略能否真正落实好，推进好。

新中国成立后，“六五”时期我国就设立了第一个国家科技计划——“六五”科技攻关计划。改革开放以来，相继设立了星火计划、国家自然科学基金、863 计划、火炬计划、973 计划、行业科研专项等，这些计划的设立和实施凝聚了几代领导人的远见卓识以及各个时期科技工作者的智慧和心血。这些科技计划取得了一批举世瞩目的重大科研成果，培养和凝聚了一批高水平创新人才和团队，解决了一批制约经济和社会发展的技术瓶颈问题，提升了我国科技创新整体实力，有力地支撑了我国改革与发展的进程。

但是，由于各科技计划（专项、基金等）在不同时期分别设立，且越设越多，缺乏顶层设计和统筹考虑，其产出与国家发展的要求相比还远远不够，很多重要领域都亟待真正具有标志性、带动性，能够解决制约发展“卡脖子”问题的重大科学技术突破。产生这种差距的根源之一是管理体制，现行的科技计划体系庞杂、相互交叉、不断扩张，管理部门众多，各管一块，各管一段，项目安排追求“大而全”、

“小而全”，造成科技资源配置分散、计划目标发散、创新链条脱节，概括起来就是科技计划碎片化，科研项目取向聚焦不够。

解决这些问题对当前实施好创新驱动发展战略，发挥好科技对经济社会发展支撑引领作用十分重要。为此，2014 年全面启动了中央财政科技计划（专项、基金等）管理改革。其核心是按照全面落实创新驱动发展战略的要求，针对原有计划体系日益突出的重复、分散、封闭、低效等问题，建立公开统一的国家科技管理平台和构建新的科技计划（专项、基金等）体系框架和布局，着力解决制约我国科技计划引领带动创新发展的深层次重大问题，更好地推动以科技创新为核心的全面创新。

2014 年 3 月，国务院印发了《关于改进加强中央财政科研项目和资金管理的若干意见》（国发〔2014〕11 号），提出对中央各部门管理的科技计划（专项、基金等）进行优化整合。科技部、财政部在充分征求各有关部门（单位）和专家意见的基础上联合起草了改革方案。2015 年 1 月，国务院印发《关于深化中央财政科技计划（专项、基金等）管理改革的方案》。2015 年 9 月，印发的《深化科技体制改革实施方案》中也再次强调了“推进中央财政科技计划（专项、基金等）管理改革，再造科技计划管理体系”的重要举措。

（二）科技计划改革的目标与任务

《关于改进加强中央财政科研项目和资金管理的若干意见》的核心内容体现在两个方面，一是针对原有经费管理存在的重复、分散、低效、监管乏力等问题，提出旨在促进规范化管理的整体改革思路。二是遵循科研活动规律，在操作层面强调按照实际成本编制经费预算，取消人员费简单按比例设置的规定。

《关于深化中央财政科技计划（专项、基金等）管理改革的方案》

提出，改革的总体目标是：强化顶层设计，打破条块分割，加强部门功能性分工，建立具有中国特色的目标明确和绩效导向的科技计划（专项、基金等）管理体制，更加聚焦国家目标，更加符合科技创新规律，更加高效配置科技资源，更加强化科技与经济的紧密结合，最大限度激发科研人员创新热情。五项基本原则包括：转变政府科技管理职能，聚焦国家重大战略任务，促进科技与经济深度融合，明晰政府与市场的关系，坚持公开透明和社会监督。两项实质性改革内容：建立公开统一的国家科技管理平台，优化科技计划（专项、基金等）布局。

建立公开统一的国家科技管理平台，是本次科技计划管理改革的亮点。各政府部门通过统一的科技管理平台，构建决策、咨询、执行、评价、监管等各环节职责清晰、协调衔接的新管理体系。具体内容包括：联席会议制度（一个决策平台），战略咨询与综合评审委员会、专业机构、统一的评估和监管机制（三大运行支柱），国家科技管理信息系统（一套管理系统）。

什么是“一个决策平台”？联席会议是实现对科技计划（专项、基金等）统一管理的关键。由科技行政主管部门牵头，财政、发展改革等相关部门参加，制定议事规则，负责审议科技发展战略规划、科技计划（专项、基金等）的布局与设置、重点任务和指南、战略咨询与综合评审委员会的组成、专业机构的遴选择优等事项。

什么是“三大运行支柱”？其一，在国家层面设立战略咨询与综合评审委员会，充分体现了科学决策、民主决策的原则。委员会由科技界、产业界和经济界的高层次专家组成，对科技发展战略规划、科技计划（专项、基金等）布局、重点专项设置和任务分解等提出咨询意见，为联席会议提供决策参考；对制定统一的项目评审规则、建设国家科技项目评审专家库、规范专业机构的项目评审等工作，提出意见和建议；接受联席会议委托，对特别重大的科技项目组织开展评审。其二，专业机构管理项目体现了政府简政放权的要求。政府部门不再管理项目，将依托专业机构具体管理项目。由科技行政主管部门与专业机构签订委托合同，专业机构根据委托开展工作。通过统一的国家科技管理信息系统受理各方面提出的项目申请，组织项目评审、立项、过程管理和结题验收等，对实现任务目标负责。其三，政府部门在简政放权的同时，将进一步加强对科技计划（专项、基金等）的实施绩效等组织评估评价和监督检查。具体举措包括：科技行政主管部门和财政部门对实施绩效、战略咨询与综合评审委员会和专业机构的履职尽责情况等统一组织评估评价和监督检查，并根据结果提出动态调整意见；完善科研信用体系建设和“黑名单”制度；建立对主管部门和专业机构工作人员的责任倒查机制；加强财政资金管理使用的审计监督。

什么是“一套管理系统”？通过统一的国家科技管理信息系统，对中央财政科技计划（专项、基金等）的需求征集、指南发布、项目申报、立项和预算安排、监督检查、结题验收等全过程进行信息管理，并按相关规定主动向社会公开信息，接受公众监督，让资金在阳光下运行。

优化科技计划（专项、基金等）布局，是本次科技计划管理改革的核心内容。根据国家战略需求、政府科技管理职能和科技创新规律，将中央各部门管理的科技计划（专项、基金等）整合形成五类科技计划（专项、基金等）：国家自然科学基金、国家科技重大专项、国家重点研发计划、技术创新引导专项（基金）、基地和人才专项。整合形成的新五类科技计划（专项、基金等）既有各自的支持重点和各具特色的管理方式，又彼此互为补充，通过统一的国家科技管理平台，建立跨计划协调机制和评估监管机制，确保五类科技计划（专项、基金等）形成整体，既聚焦重点，又避免交叉重复。

2015 年 9 月，印发的《深化科技体制改革实施方案》再次明确提出“推进中央财政科技计划（专项、基金等）管理改革，再造科技计划管理体系”，突出强调了4条改革举措。第一，对现有科技计划（专项、基金等）进行优化整合，按照国家自然科学基金、国家科技重大专项、国家重点研发计划、技术创新引导专项（基金）、基地和人才专项等五类科技计划重构国家科技计划布局，实行分类管理、分类支持。第二，构建统一的国家科技管理平台，建立国家科技计划（专项、基金等）管理部际联席会议制度，组建战略咨询与综合评审委员会，制定议事规则，完善运行机制，加强重大事项的统筹协调。第三，建立专业机构管理项目机制，制定专业机构改建方案和管理制度，逐步推进专业机构的市场化和社会化。第四，建立统一的国家科技计划监督评估机制，制定监督评估通则和标准规范，强化科技计划实施和经费监督检查，开展第三方评估。

（三）科技计划改革的进展

在党中央国务院的领导下，科技部、财政部、发展改革委会同相关部门强化沟通协商与分工协作，积极推动改革落实。目前，“一个制度、三根支柱、一套系统”的国家科技管理平台已初步形成，科技计划优化整合工作正稳步推进，取得了阶段性重要进展。① 这些进展具体是：

一是部际联席会议制度已成为凝聚部门共识、支撑重大决策的重要平台。国家科技计划（专项、基金等）管理部际联席会议制度自2015年4月30日建立以来，以国家重点研发计划为改革突破口，通过集体酝酿和共同决策，审议通过了项目形成机制、专业机构遴选原则及结果、2016年重点专项总体布局等改革重大事项，切实推动了计划管理改革各项任务的顺利开展。

二是特邀咨评委已开始发挥重要的战略咨询作用。特邀咨评委的

① 国家科技计划管理改革迈出重要一步［N］. 科技日报，2016-02-16.

专题会议，针对重点专项的领域特征，在咨询评议方式上采用了特邀咨评委委员、大同行专家和小同行专家相结合的方式，既立足战略和全局的高度，确保重点专项任务与国家战略保持一致，又从专业和细分的视角出发，保证了重点专项技术路线的科学性和先进性。

三是专业机构遴选与改建工作全面启动。在深入调研和充分协商基础上，选择 7 家科研管理类事业单位开展了专业机构改建试点工作，探索建立公开透明的法人治理结构和项目管理机制。同时，结合试点工作研究制定专业机构改建工作方案和管理办法，明确了专业机构的遴选原则和标准。

四是监督评估体系和科研信用体系建设同步推进。相关工作始终融入科技计划管理改革的全过程，提早谋划，协同实施，探索建立“制度 + 合同 + 技术”的三位一体监督评估模式，加强科研信用体系建设，形成守信激励和失信惩戒机制，营造良好科研氛围。

五是国家科技管理信息系统已开始面向科技界提供服务。973 计划、863 计划和科技支撑计划等实现全流程在线信息化管理；实现全过程痕迹管理，做到“可申诉、可查询、可追溯”。在中央与地方科研管理信息系统互联互通工作方面，先期选择的五个试点省份也起到了很好的示范作用。下一步将重点推进跨部门信息集成和共享，力争建成统一的中央财政科研项目数据库。

六是科技计划优化整合工作正稳步推进。在构建新的科技计划体系框架和布局方面，国家重点研发计划是五类计划中最早启动的一项改革，也是整合力度最大的一个计划，以前的 973 计划、863 计划、国家科技支撑计划以及公益性行业科研专项等都在其中。2016 年 2 月 16 日，国家重点研发计划首批重点专项指南发布，标志着改革工作向前迈出了一大步。同时还制定和发布了重点研发计划管理办法、项目立项管理程序、专业机构管理规定等，明确各个管理环节上的不同管理主体的分工与责任，通过具体制度来确保评审立项等环节的管理工作有序规范。国家重大科技专项的管理改革，已在宽带移动通信、转基因、新药创制、传染病这四个专项开展试点，将逐步在具备条件的重大专项当中全面落实。技术创新引导专项，已经启动的有国家科技成果转化的引导基金，有新兴产业创业投资的引导基金，有中小企业的发展基金。近期还将会同各个区域创新，来实施区域创新引导专项，尽快完成优化整合的任务。基地和人才专项优化整合的方案已经制定完成。把国家自然科学基金纳入到平台管理工作也达成共识。

七是科技计划经费管理改革获得重要突破。例如，新修订的《自然科学基金项目资助经费管理办法》在预算科目中将不再设比例限制。北京市印发了《关于进一步完善财政科研项目和经费管理的若干政策措施》，提出了系列新举措。例如，下放预算调剂权限，下放科研仪器设备采购管理权限，改进科研人员因公出国（境）管理方式，改进了科研经费结转余资金管理方式，加大对市属公益性科研机构和高等学校的科研支持力度，深化科技成果转化收益分配方式改革等。

三、新型举国体制的探索：国家实验室建设

党的十八届五中全会提出，“在重大创新领域组建一批国家实验室”。习近平总书记指出，“我国同发达国家的科技经济实力差距主要体现在创新能力上。提高创新能力，必须夯实自主创新的物质技术基础，加快建设以国家实验室为引领的创新基础平台”。[①] 这是顺应时代发展要求、加快实施创新驱动发展战略、深化科技体制改革的一项重大战略举措，势将引发我国研发体系的重大变革。

---

① 习近平. 关于《中共中央关于制定国民经济和社会发展第十三个五年规划的建议》的说明［EB/OL］.［2017-01-11］.http://news.xinhuanet.com/politics/2015-11/03/c_1117029621.htm.

（一）国家实验室的缘起和发展

国家实验室作为国立科研机构的一种重要形式，兴起和发展于二战前后，当时主要是应对国家重大和紧迫的战略需求，也是科学技术自身发展的需要，以明确的国家战略任务为目标，通过多学科交叉集成，解决事关国家安全和经济社会发展全局的重大科技问题。纵观国际上典型的国家实验室，如美国能源部国家实验室、德国亥姆霍兹国家研究中心，都在国家创新体系中发挥着核心和引领作用，代表着国家在相关领域的最高水平和解决重大问题的能力。

二战期间，为了先于纳粹德国制造出原子弹，美国实施了“曼哈顿”计划，明确的战略任务催生了一批旨在推进核武器研究的国家实验室，如阿贡国家实验室、洛斯阿拉莫斯国家实验室、橡树岭国家实验室、劳伦斯·伯克利国家实验室。其后，源于在核能和平利用和国防领域的明确需求，成立了布鲁克海文国家实验室、劳伦斯·利弗莫尔国家实验室等一批国家实验室。这些国家实验室成为美国在激烈的国际竞争中的战略力量，是高校和一般科研机构无法取代的。

冷战结束后，国际经济和综合国力竞争的需求更加突出，能源部部分国家实验室在保持其核心使命和传统优势的基础上，拓展研究方向，成为多学科交叉的综合研究中心。能源部国家实验室的主要使命是负责核武器的研发和维护，开展能源相关技术研发，是高能物理与核物理、等离子体物理、高分子化学、金属与冶金学、纳米科学等领域全球规模最大、综合性最强的研究机构，迄今有 87 位科学家获得诺贝尔奖。目前，能源部共有 17 个国家实验室和 30 多个大型研究设施，员工总数约 12 万人，实行全额预算拨款，以履行国家使命，年度政府预算 240 亿美元。

德国亥姆霍兹国家研究中心始建于 20 世纪 50 年代，以大型基础研究设施为依托，主要研究对人类生存环境有决定性影响的复杂系统，在能源、地球与环境、医疗卫生、关键技术、物质结构以及航空航天与交通等六大领域开展跨学科前瞻性研究，重点是耗时长、问题复杂、对大型仪器设备要求高、德国工业界不愿或无力承担的国家委托的重大研究任务。现有18个亥姆霍兹国家研究中心，员工约35600名，年度总经费约40亿欧元，统一由亥姆霍兹国家研究中心联合会管理。

新中国成立后，为研制“两弹一星”而建立的中国科学院一大批研究所和中国工程物理研究院等，实际上发挥着国家实验室的作用。在明确和紧迫需求的推动下，凝练了“四项紧急措施”等一大批科技任务，聚集了我国最优秀的研究力量，建立了集中力量办大事的体制机制，形成了一支体现国家意志的战略科技力量。

改革开放以来，随着科技体制改革的不断深入，科研机构和科研人员的创新活力得到极大释放，科技创新能力大幅提升，但在市场经济条件下如何围绕国家目标、发挥举国体制优势办大事的问题愈益突出，各方面都进行了许多探索。国家中长期科技发展规划提出建设国家实验室，科技部、发改委对国家实验室建设进行了一些探索，但总的看，还需要对国家实验室的定位和体制机制有更加清晰的认识，才能更加有效地推进实施。

（二）国家实验室的定位与特征

借鉴国际成功经验和我国的实践探索，顺应科学技术研发模式的变革，国家实验室作为一个国家不可替代的战略力量，在使命定位、规划布局、领域布局、目标任务、治理结构、运行机制等方面应具备如下特征：

——从使命定位看，国家实验室服务国家重大和紧迫的战略需求，以明确的战略任务为牵引，开展战略性、前瞻性、系统性、集成性研究，致力于解决事关国家全局和长远发展的重大科技问题，建设管理和运行国家大型科技基础设施，提供开放共享的创新基础平台，提高国家创新能力，抢占科技制高点，提供高端智力储备。有专家认为，国际性也是国家实验室的又一个标志，国家实验室不仅是国家重器，也是国际科学中心。[①] 例如，在斯坦福国家加速器实验室中，合作者来自世界各地，有约 280 个大学和机构，目前一半以上的装置使用时间是给美国以外的学者。

——从规划布局看，主要布局在能源、材料、空间、信息、海洋、环境、国防等战略必争领域，这些领域，一是具有长远性、风险大、技术难度高的特点，二是靠市场机制和分散科研不能解决，三是必须由国家集中投资和组织大规模交叉学科的研发力量，并保证研究开发的连续性和稳定性，不是靠短期项目和计划可以解决的。

——从研究领域看，具有惟一性和排他性，现有单一机构不能解决，需要围绕目标，整合全国优势力量，依托单位具有核心优势，并能整合全国其他力量。例如，美国能源部（DOE）对国家实验室的要求是“国家实验室应当更注重科学领域的交叉点，而不是各学科内部，从事大学或民间研究机构无法或难以开展的交叉学科的综合性研究。”美国布鲁克海文（BNL）实验室有 4 大研究方向：先进加速器、同步辐射、分子影像和核成像、计算科学。美国贝克莱国家实验室有 6 大研究方向：能源，纳米，生物环境，X 射线、超快科学、光子、粒子，计算科学，探测技术。这些实验室的特点都是“一业为主，惠及其他”。[②]

——从目标任务看，多是重大应用目标牵引，或有明确的重大科学目标，前沿研究、技术攻关到成果转化全价值链贯通，有明确的出口、能落地。由于国家实验室从事的是重大前沿交叉科学问题的研究，他们的目标是科学问题上的原创性、颠覆性突破。一旦成功，就能产

① 柴之芳．国家实验室应具备的主要特征［J］. 科技导报 .2016，34（16）.

② 同上.

生诺贝尔奖等级的成果。美国的国家实验室中大多拥有多位诺贝尔奖得主，例如贝克莱实验室现有 13 位诺贝尔奖获得者，有近百名美国国家科学院、国家工程院和医学院院士。

——从治理结构看，政府负责目标任务确定、经费条件保障和定期绩效评估，委托专业机构管理。国家实验室建立由利益相关方，如政产学研用等组成的理事会作为决策机构。国家实验室一般体量相对较大、大型设备和装置较多、人员众多、运行经费高，应是相对独立的实体，而不是组合体，更不是虚拟实验室。

——从运行机制看，一是有效运行的任务形成机制、内部竞争机制、组织实施机制和团队考核机制。国家实验室依据国家目标，提出一揽子研发任务方案，与政府主管部门协调形成年度预算。二是国家实验室择优选择项目团队，按任务节点目标组织协调研发工作，对项目团队完成情况进行考核。三是以任务实施为主线，以国家实验室为主导，与大学、企业和其他科研机构在研发链条上聚集最优秀的人才，协同攻关，开放共享研发基础设施，促进成果转移转化。例如，美国的国家实验室规定，将项目经费的 50% 甚至更多，分配给外单位。美国布鲁克海文实验室对纽约州 GDP 的投入产出比大约为 1∶2.5。

（三）国家实验室的建设与布局

2000 年以后，我国开始酝酿国家实验室建设，成立了沈阳材料科学国家（联合）实验室。2003 年，科技部批准第一批共计 5 个国家实验室并开始筹建。2007 年初，科技部正式批准在我国 10 个重要领域建设国家实验室，涵盖海洋、航空、人口健康、核能、新能源、先进制造、量子调控、蛋白质研究及农业、轨道交通等领域，主要由教育部、国防科工委、卫生部和中国科学院牵头，依托国家科研院所和研究型大学分期建设。但截至目前，国家实验室基本处于筹建状态。

十八届五中全会后，围绕着国家实验室如何建立和发展，相关部门组织开展深入研究，科技界广泛关注和热议，众说纷纭。通过梳理已经出台的相关文件要点和专家学者观点，可以大体勾勒出国家实验室建设的思路。

2016 年 3 月发布的《中华人民共和国国民经济和社会发展第十三个五年规划纲要》中提到“瞄准国际科技前沿，以国家目标和战略需求为导向，布局一批高水平国家实验室。”习近平总书记在关于《建议》的说明中提到“我国同发达国家的科技经济实力差距主要体现在创新能力上。提高创新能力，必须夯实自主创新的物质技术基础，加快建设以国家实验室为引领的创新基础平台。”国家实验室已成为主要发达国家抢占科技创新制高点的重要载体，诸如美国阿贡、洛斯阿拉莫斯、劳伦斯伯克利等国家实验室和德国亥姆霍兹研究中心等，均是围绕国家使命，依靠跨学科、大协作和高强度支持开展协同创新的研究基地。当前，我国科技创新已步入以跟踪为主转向跟踪和并跑、领跑并存的新阶段，急需以国家目标和战略需求为导向，瞄准国际科技前沿，布局一批体量更大、学科交叉融合、综合集成的国家实验室，优化配置人财物资源，形成协同创新新格局。我国已考虑在一些重大创新领域组建一批国家实验室，打造聚集国内外一流人才的高地，组织具有重大引领作用的协同攻关，形成代表国家水平、国际同行认可、在国际上拥有话语权的科技创新实力，成为抢占国际科技制高点的重要战略创新力量。

2016 年 5 月印发的《国家创新驱动发展战略纲要》提到，“适应大科学时代创新活动的特点，针对国家重大战略需求，建设一批具有国际水平、突出学科交叉和协同创新的国家实验室。”

2016 年 7 月印发的《“十三五”国家科技创新规划》中提出，“大力推进以国家实验室为引领的科技创新基地建设”。进一步明确了“在重大创新领域布局建设国家实验室”的思路，即，“聚焦国家目标和战略需求，优先在具有明确国家目标和紧迫战略需求的重大领域，在有望引领未来发展的战略制高点，面向未来、统筹部署，布局建设一批突破型、引领型、平台型一体的国家实验室。以重大科技任务攻关和国家大型科技基础设施为主线，依托最有优势的创新单元，整合全国创新资源，聚集国内外一流人才，探索建立符合大科学时代科研规律的科学研究组织形式、学术和人事管理制度，建立目标导向、绩效管理、协同攻关、开放共享的新型运行机制，同其他各类科研机构、大学、企业研发机构形成功能互补、良性互动的协同创新新格局。加大持续稳定支持强度，开展具有重大引领作用的跨学科、大协同的创新攻关，打造体现国家意志、具有世界一流水平、引领发展的重要战略科技力量。”

2016 年 4 月，科技部部长万钢表示，“十三五”期间，科技部十分重要的一项任务是组建一批国家实验室。科技部对各国科技进行国际对比研究的结果显示，国家实验室代表国家战略创新的最高水平，是抢占国际前沿制高点的主力军，其影响力和成效将成为评估考量一国综合国力的重要因素。国家实验室规模巨大，人数众多，综合性强，鼓励学科协作和创新，如美国的洛斯阿拉莫斯国家实验室、橡树岭国家实验室。国家实验室体现国家战略意图，必须由政府提供高强度的支持，并指定研究方向，配套庞大的大科学装置群，同时向社会开放，直接支持国防建设和经济领域各个方向的发展。国家实验室的研究成果对于新兴产业发展具有重要的影响力，往往是重大科研成果主要诞生地。当前我们建设国家实验室，关键是要做好管理机制设计和领域的选择。①

① 万钢. 科技部将组建一批国家实验室［N］. 中国科学报，2016-4-26.

有专家认为，“国家实验室不能只强调基础研究，也要依托行业去策划和建设”；“国家实验室的定位应该突出工程化能力的建设上来，用更多的经费来支持和保障大型工程化能力建设”；“国家实验室的具体建设形态尚未定型，但总体上会以综合性为主，并涉及多学科和多重点领域、重点方向。其中，也包括对原已筹建的国家实验室的统筹建设。”①

总体上看，新时期我国国家实验室建设，要按照党的十八届五中全会的要求和部署，紧紧围绕创新驱动发展战略实施，在有明确国家目标和紧迫战略需求的重大领域，以及有望引领未来发展的战略制高点，以牵一发而动全身的重大科技任务攻关和国家大型科技基础设施建设为主线，依托最有优势的创新单元，整合全国创新资源，构建政产学研紧密结合的新型治理结构，建立目标导向、绩效管理、协同攻关、开放共享的新型运行机制，建设突破型、引领型、平台型三类国家实验室，使之成为攻坚克难、引领发展的战略创新力量，与其他各类研究机构、大学和企业研发机构形成功能互补、良性互动的协同创新新格局。

按照突破型、引领型和平台型等三种类型，统筹布局建设国家实验室，明确各类型国家实验室功能定位、研究主线、核心能力、重大产出等四方面建设标准。按照建设标准，优先遴选国家已部署重大科技专项、重大科技项目和重大工程等科技任务的重点领域方向，启动布局若干国家实验室。例如，在空间科学、网络空间安全、航空发动机与燃气轮机、清洁能源、深海探测、创新药物、高端通用芯片与集成电路装备、重点新材料等领域方向遴选建设突破型国家实验室；在未来先进核能、量子信息、脑科学与智能技术、干细胞与再生医学、

① 科学网. 科技部将组建一批国家实验室［EB/OL］.［2017-01-20］.http://news.sciencenet.cn/news/sub26.aspx?id=2670.

环境健康、全球气候变化等领域方向遴选建设引领型国家实验室；在同步辐射光源、物质科学、粒子物理、生物安全等领域方向遴选建设平台型国家实验室。

（四）国家实验室的管理和运行

国家实验室对于我国来说，还是一个新鲜事物。需要进一步强化国家实验室作为创新基础平台引领者的地位，探索建立一套符合国家实验室特点和基本运行规律的管理体制和运行机制，着力破除导致科研工作分散封闭、交叉重复的体制机制壁障，构建权责清晰、开放协作、运行高效的新型体制机制。

构建政产学研紧密结合的治理结构。构建由政府部门、科技界、企业界等各利益相关方构成的理事会，作为国家实验室的最高决策机构，主要负责审议决定国家实验室的发展规划、发展目标、年度工作计划和总结报告；审议国家实验室经费预算和经费使用情况；协调国家实验室建设和发展相关事宜；监督国家实验室的运行等。实验室主任在国内外公开招聘，具体负责国家实验室建设和运行的各项事务，保证实现其使命定位。构建将国家目标转化为科技目标的战略规划和咨询机制。学术咨询委员会由本领域的高水平专家组成，主要职责包括：结合国家重大战略需求和国际科技发展趋势，凝练关键科学问题和核心技术问题；为国家实验室的发展规划、学科布局等提供咨询意见和建议；国家实验室研究单元的评估等。

建立绩效预算拨款制度。国家实验室应围绕其使命定位，结合国家战略需求和国际科技发展趋势，制定5年为周期的发展规划，并细化为年度工作计划，确定发展目标和具体的科技任务。根据年度科技任务配置预算，并与国家重大科技专项和重点研发计划等相衔接，原则上不得参与国家科技计划的竞争。国家对国家实验室开展周期性、制度化的评估，评估结果作为年度预算批准的参考。

建立协同攻关的科研组织模式。根据批复的科研任务，集中分散结合、组织团队协同攻关，统筹配置人财物资源。突破型的国家实验室应明确技术路线图，围绕路线图系统布局研究力量。引领型国家实验室具有高度的开放性、流动性、国际化。平台型国家实验室的大科学装置将向社会开放共享，并建立一套规范化、标准化的建设、运行和管理制度体系。

建立灵活的用人制度和有竞争力的分配激励制度。国家实验室应“按需设岗、按岗聘任、择优上岗、动态更新”，建设一支由科学研究人员、技术研发人员、技术支撑人员等构成的结构合理、相互协作的人才队伍。建立有利于人才流动的机制，通过特聘研究员、访问学者、博士后等多种方式吸引国内外学者开展科研工作。基于岗位职责和实际贡献对实验室各类人员进行年度绩效考核。考核结果与其晋升、绩效工资等挂钩，同时决定人员的续聘和解聘。国家实验室汇聚了国内外一流人才，基于其责任、业绩和贡献给予有国际竞争力的薪酬，可采用年薪制或“三元结构工资”制度。

建立基于目标完成情况的绩效评价制度。国家对国家实验室开展周期性、制度化的评价制度，包括年度自评和五年一次的第三方评估。国家实验室提交年度自评报告，围绕绩效目标对目标完成情况进行自评，并制定改进计划。以五年为周期，邀请高水平的同行专家、用户专家、管理专家等对国家实验室的使命定位、重大创新贡献、体制机制、目标完成情况等进行评价。评价结果影响国家实验室的布局、年度经费预算等。

中华民族在古代完成了许多技术发明与工程创造，在科学发现方面也取得了独特的成就，为世界文明的形成和发展做出了极为重要的贡献。16 世纪以来，西方科学技术先后传入明清两朝，对原有的科技传统产生影响并增添了新知识。中国在19世纪中叶开始以制造兵器为主要目标的工业化，到20世纪前期初步完成现代科学技术的建制化，50–60年代展开大规模的工业化建设，构建现代科学技术系统。改革开放为科技事业的大发展创造了良机，使中国科学技术在许多领域都有十分显著的进步，取得了令世人瞩目的成就，包括富有成效的技术引进及创新，在提升综合国力和国家现代化建设进程中扮演着突出角色。前瞻未来，中国将继续提升创新能力，践行“创新驱动发展”战略，为世界科技贡献更多智慧和创造。

四、国防科技创新的新趋势：军民深度融合发展

随着新一轮科技革命、产业变革和军事革命加速发展，全球科技创新呈现跨界融通、渗透兼容的发展态势。军民融合是顺应世界发展大势的必然选择，既是兴国之举，又是强军之策。科技军民融合成为国家创新驱动发展战略、军民融合发展战略和改革强军战略的交汇点，是军民融合在科技领域的重大体现，是全面深化科技体制改革、国防和军队改革的重点任务。

（一）军民融合的重要意义

军民融合，既是一脉相承的历史经验，也是新时代新战略的重要体现。新中国成立之初，以毛泽东同志为核心的党的第一代中央领导集体就曾提出“军民两用”战略思想。改革开放初期，以邓小平同志为核心的党的第二代中央领导集体制定“军民结合、平战结合、军品优先、以民养军”的方针。20世纪90年代，以江泽民同志为核心的党的第三代中央领导集体坚持走军民结合、平战结合、寓军于民之路。新世纪新时期，以胡锦涛同志为总书记的党中央提出“走出一条中国特色军民融合式发展路子”。2015年3月，习近平总书记在出席十二届

全国人大三次会议解放军代表团全体会议时强调，把军民融合发展上升为国家战略，是我们长期探索经济建设和国防建设协调发展规律的重大成果，是从国家安全和发展战略全局出发做出的重大决策。党的十九大报告中指出，坚持富国和强军相统一，强化统一领导、顶层设计、改革创新和重大项目落实，深化国防科技工业改革，形成军民融合深度发展格局，构建一体化的国家战略体系和能力。

军民融合发展上升为国家战略，是着眼迎接世界新科技革命和军事革命的必然选择。兰德公司在《测度后工业时代的国家实力》报告里曾指出，“历史上所有强国都在经济优势与军事优势之间建立了良性循环。美国保持超级大国地位的关键是确保政府的转化能力，即将社会资源转化为双向互动的经济竞争力和军事战斗力”。近年来，大国战略竞争逐步升温，军民一体化浪潮再度兴起。武器装备远程化、精确化、智能化、隐身化、无人化趋势明显，相关的战略高技术创新模式也发生重大变化。一方面，军民技术日趋融合，全球定位系统、互联网、机器人等技术呈现军民两用化特征。另一方面，民用部门正在成为新技术开发的先锋，人工智能、无人系统、机器人、生物技术等方面的新突破展现巨大的军事应用前景。只有打破军民壁垒，发展形成一体化的国家创新能力，才能把握国家发展和安全的主导权。

建设军民融合创新体系有助于促进科技创新自身的改革发展。2017 年 3 月，习近平总书记在出席十二届全国人大五次会议解放军代表团全体会议时强调，深入实施军民融合发展战略，开展军民协同创新，推动军民科技基础要素融合，加快建立军民融合创新体系，下更大气力推动科技兴军，坚持向科技创新要战斗力，为我军建设提供强大科技支撑。从科技创新的视角来理解，建设军民融合创新体系，势必冲击军民科技之间的存在的藩篱，将带来科技创新能力的重塑和提升，为创新型国家建设注入新的活力。构建军民融合创新体系，就是要统筹军民双方的科研院所、高等院校、企业等多个主体，整合军民双方的人才、资金、科技成果等各类要素，从宏观管理、发展战略和计划、研究开发活动、科技产业化等多个方面促进军民科技的紧密结合，形成以富国强军为战略指向的国家一体化创新体系。

（二）军民融合的发展要求

2014 年 3 月，习近平总书记在出席十二届全国人大二次会议解放军代表团全体会议时强调，实现强军目标，必须同心协力做好军民融合深度发展这篇大文章，既要发挥国家主导作用，又要发挥市场的作用，努力形成全要素、多领域、高效益的军民融合深度发展格局。这实际上明确了军民融合的总体目标。

军民科技协同创新体系是军民融合的六大体系建设目标之一。2016 年 7 月，中共中央、国务院、中央军委印发了《关于经济建设和国防建设融合发展的意见》（以下简称《意见》）。《意见》明确提出到 2020 年基本形成军民深度融合发展的六大体系：基础领域资源共享体系、中国特色先进国防科技工业体系、军民科技协同创新体系、军事人才培养体系、军队保障社会化体系、国防动员体系。同时，《意见》提出了基础领域、产业领域、科技领域、教育资源、社会服务、应急和公共安全、海洋开发和海上维权、国家海外利益等八个方面的总体要求。其中，对科技领域的要求是：加强科技领域统筹，着力提高军民协同创新能力。加快军民融合式创新，整合运用军民科研力量和资源，充分发挥高等学校、科研院所的优势和潜力，广泛吸纳专家强化顶层规划设计，开展联合攻关，加强基础技术、前沿技术、关键技术研究，推进军民技术双向转移和转化应用。完善军民协同创新机制，加大国防科研平台向民口单位开放力度，推动建立一批军民结合、产学研一体的科技协同创新平台。

可见，军民融合创新体系建设涉及从顶层设计到创新活动组织、人才培养、体制机制和政策制度等方面的重点任务。2017 年 3 月，习近平总书记在十二届全国人大五次会议解放军代表团全体会议上明确提出“四个推动”，即，要推动搞好顶层设计和战略筹划，推动国防科技和武器装备军民融合，推动军地合力培育军事人才，推动体制机制和政策制度改革。2017 年 4 月，科技部、中央军委科学技术委员会联合印发了《“十三五”科技军民融合发展专项规划》。《规划》明确了 2020 年的发展目标：基本形成军民科技协同创新体系，推动形成全要素、多领域、高效益的军民科技深度融合发展格局。同时，提出了七个方面 16 项重点任务：强化科技军民融合宏观统筹、加强军民科技协同创新能力建设、推动科技创新资源统筹共享、促进军民科技成果双向转化、开展先行试点示范、加强创新队伍建设、完善政策制度体系。其中，包括实施科技军民融合重点专项和建设军民科技协同创新平台、鼓励建设军民融合新型科研机构、探索科技军民融合金融服务模式等新举措。

（三）军民融合的当前进展

1. 军民融合发展战略实施的总体进展

党的十八大以来，全党全军全国各地认真学习习近平总书记关于推进军民融合深度发展的指示精神，认真贯彻落实党中央、国务院、中央军委的各项决策部署，积极探索、深入实施军民融合发展战略，军民融合不断取得阶段性成果，呈现出加快发展良好态势。

第一，顶层设计和规划部署逐渐清晰。《关于经济建设和国防建设融合发展的意见》，作为统筹推进经济建设和国防建设的纲领性文件，明确了新形势下军民融合发展的总体思路、重点任务、政策措施。中央军民融合发展委员会，作为中央层面军民融合发展重大问题的决策和议事协调机构，统一领导军民融合深度发展。《“十三五”统筹经济建设和国防建设融合发展规划》启动编制，《国家军民融合创新示范区建设总体方案》启动实施，《“十三五”科技军民融合发展专项规划》等专项规划发布实施，20多个省份军民融合发展规划陆续出台。

第二，重点领域融合持续深化。国防科技和武器装备领域融合不断加深。“民参军”取得明显进展，获得武器装备科研生产许可证的民口企业占比已达2/3；“军转民”稳中求进，各军工集团民品产值占比基本稳定在70%–80%；军民结合产业基地建设稳中提质。依托国民教育培养军队人才的模式、规模、质量均有所提升。军队保障社会化范围有所拓宽。应战应急一体的国防动员建设开始启动。基础设施建设贯彻国防要求工作取得新进展。

第三，新兴领域融合全面展开。在空间领域，航天技术已辐射到新材料、新能源、精密制造等民用领域，军事技术民用化程度进一步提高。海洋领域，涌现了一批以海洋石油“981”深水半潜式钻井平台、液化天然气运输船、“科学号”海洋调查船等为代表的标志性成果。网络安全和信息化领域，军地双方在建设信息基础设施、联合开展重大项目课题研究、信息资源共享等方面进行了积极探索。

第四，体制机制建设稳步推进。国家发展和改革委员会设立经济与国防协调发展司，军委战略规划办设立军民融合局，武器装备科研生产体系部际协调组的作用越来越大。启动实施首批41家军工科研院所改革，深化论证空域管理体制、军品定价议价规则、装备采购制度等改革方案。“民参军”的限制逐步放宽，全面推开武器装备科研生产许可与装备承制单位联合审查工作机制。在全国范围推广军民大型国防科研仪器设备整合共享、以股权为纽带的军民两用技术联盟创新合作、民口企业配套核心军品的认定和准入标准等创新举措。

2. 军民融合创新体系建设的当前进展

军民融合创新体系建设，在军民融合发展战略深入实施的背景下有序推进。军地以扩大开放、打破封闭为突破口，优化体制机制和政策制度体系，推动建设完善武器装备科研生产体系，大力推进科研设备共享平台建设，加强军民科技资源开放和军民两用技术转移，在资源共享、平台共建、联合攻关等方面取得了积极进展，军民融合创新生态得到明显改善。

其一，军地科技资源开放共享进展显著。科技部牵头制定《关于国家重大科研基础设施和大型科研仪器向社会开放的意见》，提出到2017年基本建成覆盖各类科研设施与仪器的专业化、网络化服务体系，建立重大科技平台和仪器设施开放共享机制。开设了国家和地方科技资源开放共享网等平台，为军地科技资源共享创造了条件。国防科工局首批推动800余项军工重大试验设施和大型科研仪器向全行业开放，计划制定《国防科技资源开放共享管理办法》，发布开放目录清单，建立国防科技创新平台和科研设备设施开放共享的长效机制。①

其二，创新示范载体先行先试初见成效。建设军民科技协同创新平台是《关于经济建设和国防建设融合发展的意见》部署的重要任务，主要依托国家自主创新示范区、国家高新区等，开展科技军民融合的综合示范，先试点后推广，辐射带动全国。目前，已经在中关村、中国（绵阳）科技城等国家自主创新示范区和地区，建设了一批军民融合协同创新科研机构、军民两用技术创新基地、军民融合科技园区等载体和平台，探索建立了跨军民、跨部门的科技军民融合创新模式。截至2014年，我国已建成17个军民融合国家重点实验室。

其三，军地联合攻关取得突破。组织实施军民科技协同创新重点专

① 佘惠敏．国防科工科技协同创新意见出台：国防科研体系将进一步开放［N］．经济日报，2016-6-29.

项是推动军民融合科技创新的重要抓手，旨在建立完善军民重大研发任务联合论证、联合部署、联合实施的协同创新机制，主要任务是支持军民前沿技术联合探索、加强军民关键技术协同攻关、推动重大科技成果双向转化应用示范。近年来，成功实施了载人航天及探月工程、北斗卫星导航、高分辨率对地观测系统、天河二号超级计算机、快舟卫星发射系统、量子通信卫星等一批科技军民融合重大项目和工程。

其四，军民融合创新生态不断改善。修订了《中华人民共和国促进科技成果转化法》，全面实施国防知识产权战略，为军民融合科技创新提供了法制保障。科技部牵头制定《"十三五"科技军民融合专项规划》，对科技领域军民融合进行了顶层设计。国防科工局 2016 年 6 月印发《关于加快推进国防科技工业科技协同创新的意见》及实施方案，对构建协同高效的国防科研体系、加强基础研究和关键技术攻关、完善国防科技协同创新机制、营造良好的协同创新环境等进行全面部署。全军武器装备采购信息网等公共信息平台先后开通，有效推动了科技、生产及基础设备设施的互联共享。①

当前和今后一个时期，国家战略竞争力、社会生产力、军队战斗力的耦合关联越来越紧，国防经济和社会经济、军用技术和民用技术的融合度越来越深。对科技领域来说，军民融合不仅意味着创新资源的拓展、创新模式的改变、创新能力的提升，也将带来创新格局的重塑。

---

① 毕京京．中国军民融合发展报告 2016［M］．北京：国防大学出版社．2016.

后　记

有关本书的调研工作由中国科学院自然科学史研究所和科技战略咨询研究院承担。参加起草和修改工作的有（以姓氏拼音为序）：方一兵、高山、蒋芳、李成智、李萌、刘益东、潘教峰、史晓雷、孙鸿烈、孙烈、田淼、王大洲、王思明、徐丁丁、姚大志、张钫、张凤、郑度。曹效业、张柏春、史晓雷等同志参加统稿工作。史晓雷还为文字稿选配了插图。中国科学院和高等院校的 30 多位同志就本书撰写提出了宝贵的意见。

图书在版编目（CIP）数据

中国科技的创造与进步 / 白春礼著. —北京：外文出版社，2018
（读懂中国）
ISBN 978-7-119-11490-3

Ⅰ. ①中… Ⅱ. ①白… Ⅲ. ①技术革新—研究—中国
Ⅳ. ① F124.3

中国版本图书馆 CIP 数据核字（2018）第 079607 号

本丛书列入国家社会科学基金重大委托项目和
《"十三五"国家重点图书、音像、电子出版物出版规划》项目

出版策划：国家创新与发展战略研究会
出版指导：陆彩荣　徐　步
出版统筹：胡开敏　于　瑛　曾惠杰

责任编辑：曹　芸
装帧设计：柏拉图创意机构
印刷监制：冯　浩　章云天　秦　蒙

中国科技的创造与进步

白春礼　**著**

出 版 人：徐　步
出版发行：外文出版社有限责任公司
地　　址：中国北京西城区百万庄大街 24 号　　**邮政编码：**100037
网　　址：http://www.flp.com.cn　　**电子邮箱：**flp@cipg.org.cn
电　　话：008610-68320579（总编室）　　008610-68996177（编辑部）
008610-68995852（发行部）　　008610-68996183（投稿电话）
制　　版：北京杰瑞腾达科技发展有限公司
印　　刷：北京盛通印刷股份有限公司
经　　销：新华书店 / 外文书店
开　　本：700mm × 1000mm　1/16　　**印　　张：**15.5　　**字　　数：**194 千字
装　　别：精装
版　　次：2019 年 4 月第 1 版第 2 次印刷
书　　号：ISBN 978-7-119-11490-3
定　　价：70.00 元
